ハッピーわんこのお名前占い事典

おとだま名前占い 575のわんこの名

名付け 相性 画数 数秘

アニマル コミュニケーター
しーちゃん✿
M.ローズマリー 著

三和書籍

ハッピーわんこのお名前占い事典　目次

第4章　画数の数え方&意味

うちのわんこ１

みんな元気！　もとから元気なコも、
病気がよくなって　元気になったコもいて、
みんな元気

序章

はじめに

いいコに育つ
わんこの名前

［おとだま占い］で名付け
あなたが合いたかったわんこにすくすく育つ！

名前の「呼び方」を
変えればキャラも変わる！

名前は新しい家族 わんこへの愛と願いをこめたプレゼント

わんこが家にやってきた！

新しく家にやってきた家族、わんこ。

わんこをお迎えした家族は、新しい人間の家族が訪れたときと同じように、そのわんこのしあわせを願い、愛らしい名前、やさしい名前、元気な名前、たくましい名前などよい名前を付けてあげたいと思うでしょう。

もちろん、「大好きな名前」「憧れの名前」「いつかわんこと暮らせたとき、ぜひ付けたいと思っていた名前」「ひとめ見た瞬間、この名前だと思った！」といった名前なら、最初から心に強く響いているのですから、どんな名前よりよい名前となります。

しかし、「ちょっと考えてみたい」「複数候補があり、迷っている」、「漢字表記がいいか、カタカナ表記がいいか」などというときには、この本が役に立ちます。

占い的にいうと、生まれた場所や時間、環境など、「先天運」といわれるものは選べませんが、名前は後天的に運や性質を選べる「後天運」のひとつです。

名前によって生まれる運もあれば、変化できる運もあります。名前によって犬種特性をさらに強化することもできれば、都会生活では過ごしづらい特性をマイルドにしたり、長所としたりすることもできます。

社会化（わんこ社会、人間社会、街の環境などでトラブルなく生活できるように学ぶ）のできているわんこなら、名前のプラスの性格が出てきます。わんこは社会化で変わる動物ですから、社会化は本当に大事です。

最近はたくさんのわんこ家族をもつご家庭も増え、それにともない、わんこトラブルも増えています。個々の名前や名前の組み合わせを考えることで、トラブルを小さくできる可能性は十分にあります。

音には性格がある

この本の特徴は、名前をとくに「音」を中心にみていることです。

私は2002年に「SEDA」（日之出出版）という女子高校生対象の雑誌で女子の名前を400以上あげて個々の説明をしたところ、大好評！

それからは男子の名前もあげ、毎年更新して掲載され、他誌でも取り上げられてさまざまな年代の方に楽しんでいただき、2009年には1406の男女名を網羅したムック（『コワいほど当たる　おとだま名前占い　1406の名前の秘密』）となりました。

この本はその人気企画のわんこバージョンです。もちろん、全部の名前の方やわんこにお会いしたわけではありません。音の組み合わせをリーディング（読む）した推測ですが、実際に出会った方やわんこたちを見るかぎりでは、かなりの精度（正確さ）が出ていると思います。

第1章では、わんこ名を575あげ、名前ひとつずつについて、この音をもつわんこはどんな性格になるかなどみています。その名前がもつ性質の中心的なところを書いているので、他とのかねあいや育て方などにより、それが強く出る場合とそうでない場合があります。

第2章では1音1音をあげ、「この音を使うとどんな性格になるか」を紹介しています。名前や言葉はひとつひとつの音の組み合わせです。第1章に登場しなかった名前も、個々の音の説明を読めば、どんな性格になるか、想像がつくでしょう。

第3章は母音から見た相性判断です。人間の家族とわんこたち、わんこ同士が仲良くできる名前がわかります。

第4章は、本格的に画数もみたいという方のために。

第5章は、日にちの数秘を使った「先天運」の占いです。お誕生日の数字を使いますが、お誕生日がわからないときは、出

会った日などで調べることができます。

いずれの章も、すでに名前をもつわんこについてもみることができます。妙に核心をついていたり、「やっぱりね」と思ったり、クスッと笑ったりしてしまうところはありませんか？

家族のわんこにない性質が書いてあったときは、その性質を秘めている、あるいはその性質が表面に表れる可能性があったといえます。

「外で出会うわんこはこんな性格なのね」と理解したり、「ドッグランで会うわんことうちのコはこんな相性だから、こうしたらうまくいくかな」など、いろいろ活用していただけると嬉しいです。

おうちにやってきた天使……わんこ。

家族にしあわせを届けにきた天使たちに、すてきな名前を贈るために。互いの性質や相性を理解し、いっそう仲よくなるために。この本が役立ちますように。

左がパパ、右が息子。別々にきたけど、今やすっかり、親子の関係だよ

第1章

カテゴリー別
人気名前はどんなキャラ？

わんこの名前 575
おとだまに宿る
名前のエッセンス

おとだまって何？
―音に秘められた自然界の働き―

「ピューッ」と甲高い音が聞こえたら、反射的にそちらを意識を向けます。心身は不安や緊張を感じるかもしれません。音は空気を震わせ、体に伝わり、心身に影響を与えます。五感は事象や動きを感知します。人は気候や環境の状況や変化などを五感から感じ取ります。目や耳は遠くのものもとらえ、音は夜でもとらえることができます。

風の音、嵐の音、波の音、木の葉がすれる音、川の音、鳥の声、山鳴り、海鳴り……。人は音を体で感じ、心で感じ、それは自然界の事象を表し、そこに特定の意味や力があることを熟知しています。

音が口から発されたときも同様です。「キーッ」といえば緊張し、「ピリッ」といえばピッと引き

いっしょにお散歩に行くと、楽しくって、ついジャンプしちゃうね

締まり、「ほっ」といえば、ほっとして力が抜け、血液が流れて身体が温かくなります。日本語に特有の「ピリピリ、ジリジリ」などの擬声語や擬態語は、そうした感じをよく伝えます。

音が心身に与える影響は、環境の異なるところに住む民族に多少の差はあれ、世界中に共通点が見つかります。

「M」の音は世界のあちこちで「母」と関係しています。「M」音は唇を合わせておっぱいを吸う音なので、そこから「ママ」「マンマ（食べ物）」「ウマウマ（食べ物）」、恵みと癒しを与える母なる海「マリン」などの言葉が生まれたのでしょう。日本語でも「海」には「M」音が入ります。

自然界における音が表す現象を知り、それを音のもつ力と感じ、身体感覚としてもとらえたところから、言葉はごく自然発生的に生まれたのではないかと思います。

「アー」といえば、体が開くような感じがします。ですから「ア」音には「明るい」「空く」「開く」という力がある。

「スー」といえば、滑る感じ。そこで「ス」音はスルスルなめらかに滑る力。「フー」といえば風船をふくらませるから、「フ」音は「ふくらむ」力。「ウー」というと、込める感じやいきむ感じだから、「ウ」音は「産む、生まれる」力……というように。

簡単にいうと、こうした音のもつ力、音に秘められた力、音が表す現象……これが「音のたましい」、「おとだま（音霊）」ということです。

日本語は言葉が母音で終わる世界でも数少ない言語です。日本の言葉は一音一音、「おとだま」としての力を意識され、「おとだま」の組み合わせでできています。

たとえば「い」は「命」、「ね」は「根」のことです。あわせて「命の根」だから「稲」というふうに言葉が生まれていきました。

1音1音がたましいをもつ「おとだま」、「おとだま」

“飛び写真”撮るときだって、ワタチは優雅に美しく

を組み合わせて作った言葉も当然たましいをもつ「ことだま（言霊）」です。

そんな言葉を口に出すとは……言葉は〝祈り〟や〝おまじない〟〝呪文〟と同じもの、言葉はこの世に「現象を生むもの」なのです。

日本の縄文時代は素晴らしい叡知をもち、国造りをしていたそうです。そこでは「よき国を整えるにはよき言葉を整えることから」といって、美しい言葉を制定したそうです。

旧約聖書の「天地創造」では、この世は言葉から生まれました。あるとき神が現れ、「光あれ」というと闇と光が分かれ、翌日に「海と陸よあれ」というと海と陸が現れ、神はこの世をわずか六日間で、〝言葉〟で造ってしまったのです。

「きれいな言葉を使いなさい」というのは、「言葉」には「たましい」が宿り、「現実を出現させてしまうから」ということです。

そのほか、「形にもたましいがある」という考え方「かただま」、「数にもたましいがある」という考え「かずたま」などがあります（この本では「数秘」という名前で登場します）。

赤ちゃんのときから、
賢く、りりしく、王女ちゃまなの

音のシャワーを浴び続ける〝おとだま〟の力

空気が動くと風が吹き、砂丘に砂紋が現れます。水には波紋や波が現れ、水面に石が落ちると水紋が現れます。

風の強さや方向の通りに、石の大きさや落ちてきた速度の通りに、水や砂に形が現れるのです。

これが「名前」の本当の意味です。一音一音が形を出現させる「おとだま」の力をもち、また「さく」「つぼみ」などの名前は、意味のある言葉としての「ことだま」の力ももちます。

名前が呼ばれれば、空気が「音の波」で響き、物体は「音の形」になります。

その振動を毎日何度も何度もシャワーのように浴びて育てば、当人はそのような性質をもちます。漢字で書けば、5000年間蓄積された漢字の意味も

つい、くっついちゃう。あーんしーん

浴びています。

これが、「おとだま名前占い」です。生涯呼ばれ続け、聴き続ける音や名前が、当人の意識や心にはかり知れない影響を与え、当人を作ります。

あなたの愛するわんこに、どんな気持ちをもつわんこになってほしいでしょう？　どんなよき名前を贈りましょう？

ピューピュー鳴るお友だちと、走るときもいっしょ

人気の名前 §1

かわいく、愛らしく、素直がいちばん

わんこは
かわいいことがいちばん！
ちょっとぐらい、
イタズラでもいい、
ドジでもいい、失敗してもいい。
愛らしい姿は家族に元気を与え、
キラキラおめめを見ていると、
愛がわいてきます。

❤印は今、とくに人気があり、医療保険登録などに多い名前です。

アンナ ❤

やさしさと強さ、ガンコさがあります。育て方により、自分の気持ちを押し殺して人を優先するコとなったり、よき母にも、人間の子供やお年寄りの面倒をよく見るナースリーなコにもなります。絶対譲らないときは何か理由があるので、むやみにしからずにわけを探してみましょう。セラピー犬に向くことも。

コロ ❤

かわいく素直で、天真爛漫。一心に遊んでいる姿に癒されます。日本に昔からある名前だけに、自立心もあり、ひとり遊びも上手で、甘えん坊に育てなければあまり人の手を煩わせません。運動や「取ってこい」などのゲームが大好き。他の動物家族が来たり、家族の旅行で他に預けられても、あんがい平気。

エミ、エミー

かわいいコです。人のことをよく気づかってくれる、というより、人の感情をつぶさに映してしまいます。そのため人が不安を感じたりすると、それを察知して怖くなります。甘えさせ過ぎ、だっこ散歩、何かあったときすぐに抱き上げるのを控え、自主性を養って。ドッグランなどで仲間と遊ぶ時間も大切。

スナオ

名前の通り素直ですが、何かの際には自己主張し、強情でガンコな面もあります。自分のよく知っている場所で、仲間がいつものルールと違うルールを適用したり、マナー違反したときなどに怒ります。きびしい顔をもつ反面、甘えん坊の一面も。大好きな人からやさしいハンドタッチを受けるのが大好きです。

ナナ

ガンコで利かん気の面がありますが、独立心旺盛で、自分のことは自分でやろうとします。好きなものには一生けんめい。好きな学習など集中してがんばり、上達し、ホメられるとさらに上達好きに。繊細さもあり、ときどき嫌いなものなどを見て不安になり、依存心が出ます。そのときは甘えさせてあげて。

チャメ

名の通り、よく遊ぶおちゃめでかわいいコです。少々怖がりで、怖いことがあるとトラウマとなり、「二度としない!」と怖れがちに。わんこにサプライズは不要です。何ごとも、少しずつ、時間をかけてならし、できるようになったら満面の笑みでホメましょう。できることが一つできるごとに自信が増します。

チイ、チー

怖がりで、かわいく、甘えん坊です。怖いものが多く、守ってくれる存在にしがみついてしまいます。新しい体験も苦手で、なれ親しんだ自分の場所にヌクヌクとしているのが大好き。ヤキモチもあり、大好きなママとおもちゃは誰にも譲りません。後住犬を迎えるときは、当人に会わせてOKが出てから。

パピ

かわいいコです。一途で、人の声も聞こえないほど何かに一生けんめいに集中していたり。年を重ねるとガンコさも出て、同時に控え目になり、気持ちを内向させることも。習慣を好むので毎日の散歩を大切に。臆病な面もあるので、ほぼ同じコースを取り、知らない場所に行くときなどは慎重に配慮を。

チョビ

よく遊ぶ愛らしいコです。天真爛漫ともいえますが、神経の細い面もあり、ちょっとしたことで落ち込んだり、怖くなったり。そのとき、人間がそこに何度も触れるともとに戻りづらくなるので、そっとしておいたほうがよい場合が多いでしょう。嫌がるけれど必要な場所などは、時間をかけてならしてあげて。

チビ

幼いときは純真で甘えん坊。大人になると、やんちゃで無頓着で無鉄砲ながら、人や家を守り、動物家族にもやさしく、自分を抑えて家族のマイナスを負うこともあるので配慮。比較的従順ですが、不安や恐怖などがあるとガンコに反応。そのときは原因究明と理解を。たまに赤ちゃん返りさせて甘えタイムを。

甘えさせ過ぎはNG!

かわいいからと甘えさせ過ぎたわんこは、人を「甘く」見るようになります。その結果、賢いととくに、どうすれば人間を自由にコントロールできるか、わかるようになります。これはリーダーを取りたいという“アルファシンドローム”とは違います。

賢いリーダーは、みんなを安全のためにリードしたりまとめたりします。自分勝手な理由で相手をコントロールするのではありません。

わんことのしあわせ生活においてはやはり、人間が愛と信念によってルールを作り、守ることが大切だと思います。

チャマ

おしゃまで、人間の話の輪の中にいつもいて、自分も同格であり、いっしょにしゃべっていると感じているよう。あんがい女王様気質の面もあり、気に入らないことがあるとご機嫌斜めに。学習意欲、達成や成長欲があるので、マナー教室などに行くとがんばり、よくできる目立つプリンセスになろうとします。

ブー

自分のものは自分のもの、人のものも自分のものというタイプ。寝たり食べたりが大好き。イヤなことは寝たフリをして逃れたり。純なハートの持ち主でもあり、好きなコには純情で恥ずかしがり屋です。いくつか苦手や怖いものがあり、それには絶対近付きません。必要な情報は聞き逃さない地獄耳です。

ヒメ ♥

愛らしく、わがままで繊細で敏感。ガンとして譲らぬガンコさもあり、いうことをきかず面倒のかかるところがまたかわいく。いいなりになっているとあとがたいへん。人間はいつも堂々と、いうことを変えず、大きな存在であって。おしゃれしてレディのマナー教室の感じは大好き。ホメられるとやる気もアップ。

パンダ

愛嬌のあるかわいいコです。おどけたようすをしていますが、あんがい敏感で、周囲のことをよく見ています。周囲が悲しんでいたら、自分がおどけて気持ちを盛り上げようというところがあります。反対に、自分の悲しみは悟られないように表情に出さないようにしています。ピエロのようなけなげな賢者です。

プー ♥

無邪気に遊ぶ愛らしいコ。下のコ気質で、自分で考えず、人間や先輩わんこの指導に従順で「付いて行けば安心」という面も。不安を感じるところがあり、何かを怖がるときはプロなどとも相談し、時間をかけてていねいに解消を。物事の仕組みやルールをきちんと教えてあげて。学習や上達は合わないよう。

フウ ♥

無邪気でかわいいコです。一部ガンコな面もありますが、あんがいストレスには弱い面もあります。自分の防御は上手ではなく、近くになじめない友だちがいることもストレスに。人間家族がストレスから守ってあげましょう。寂しがり屋で心配性でもありますが、甘えさせ過ぎは分離不安ともなるので注意。

ヒナ ♥

かわいい存在ですが、いうことをきいてもらえなかったり2番手になったりすると、ふてくされることが。ややヤキモチやきです。人間は「あなたが大好き」とつねに伝え、ホメ上手に。優等生であることがうれしく、そうなろうとします。従えられるコやさしいコは好き。イバってリードを取るコは苦手。

家族のルールを一本化

わんこの名前は、わんこの混乱を防ぐために、家族全員が同じように呼ぶことが大切。ルールも家族全員が一致していることが大切です。

たとえば「ママはこうすると叱るのに、おばあちゃんはおかしをくれる」では、わんこは自分の中に“ルール”を築くことができません。これはやっていいことなのか、おかしをもらえることなのか、叱られることなのか、わからなくなってしまうのです。

するとわんこは混乱し、自分なりの世界がもてず、その結果、判断もできず、自立することもできなくなります。「ここはおかしをもらえるはず」と思ったところで叱られると、反抗するかもしれません。また賢いわんこだと、相手を見て行動を変え、二枚舌を使うようになります。

わんこの頭を混乱させないために、自分で考えることができるようになるために、家族のルールを１本化し、それを守ること。甘やかしてわんこを喜ばせる抜け駆けはＮＧ、ルール違反です。

フェアリー

やさしくかわいいコですが、人見知りするなどやや気の弱い傾向。仲間は好きなコとだけ遊び、苦手なコがたくさん。甘え上手のワガママな内弁慶にしないように、幼いときからあちこちに連れ歩き、散歩コースはあれこれ変えましょう。どのコもサプライズ禁止ですが、このコはとくに禁止。おなかを大切に。

ペル

かわいく、少々怖がりです。よい先輩を見つけ、先輩のもとでいろいろ体験すると、自信が付き自主性も生まれます。怖がったときは少しずつ少しずつ、ならしてあげましょう。要領のよい食いしん坊の動物家族がいると、ちゃんと食事量をとれていないということも。行動をよく観察して、必要なら工夫を。

ポッケ

賢くかわいいコです。目ざとくていろいろなことをよく見ています。誰かがいつもと違うことをするとすぐに気付き、その人の気持ちの状態がわかってしまいます。後輩や後住犬たちの教育なども上手ですが、全部お任せすると負担大。「あのコならだいじょうぶ」と放任すると、マジメなだけに疲れて果てます。

プチ ♥

わりあいマイペースでどっしりしています。何があっても、ごはんだけは忘れず請求したり、不安がっていたかと思うとグーグー寝ていたり。人間はその態度に癒されます。気の小さい面もあるので、失敗などをはやしたりないこと。当人がイヤがることで避けてもよいものは、避けるようにしてあげましょう。

ペロ

かわいく、少々怖がりですが、好奇心はあります。当人は興味のあるものに手を出し、怖い感じがあると、ちょっとずつなれていこうとします。そのスピードに手を出さず、一切を当人に任せましょう。体験を報告しにきたときは、「すごいね、触れたの」などホメて応援してあげると、さらに勇気がもてます。

ポポ ♥

愛らしくかわいいコ。いつも無邪気に遊んでいます。あまり自分から積極的になることはなく、社会化が十分にできていれば、あとは友だちとも上手に遊んだりできるでしょう。大好きなおかしがとても楽しみです。溺愛が過ぎると、環境が変化したときに問題を起こすかも。甘えん坊にしないように配慮を。

フリル

やさしくかわいいコですが、少々気が弱くワガママ。お姫様的な面もあります。何でもいうことをきいてもらえる家の中でだけ、強気だったりします。外でいろいろできるように練習すると、自信が付き、雰囲気が変わってきます。そのときは、年下のコのマナーにうるさいよき兄姉、母わんことなりそう。

ボン

育ちがよいという感じに、のほほんとした面があります。あれこれ他に譲ってしまって文句もないのですが、何かひとつかふたつ、他に譲らず厳守するものもあります。いつも素直で反抗しませんが、その分、当人もわからないうちにストレスをためていることも。のんびりゆったりの生活を心がけてあげて。

マメ

明るく活動的で機敏。いつも人に心を向けて注意を払い、気づかっています。いうことはだいたいきいてくれますが、いうことをきかないときは、理由を見つけてあげて。デリケートさもあるので、人間がグチをいうなど精神的に頼ったり、何かを強要したりすると、ストレスをため、胃腸が不調になることも。

マリ

甘え、新しいおもちゃに熱中し、「自分のもの！」と主張したり、はじめての友だちを人見知りして怖がったり。6歳の女の子のような雰囲気です。芯の強さを秘めていて、「コレだけは誰より上手になる」と決めるとがんばって練習も。新しい世界が広がっていくことを楽しむので、手伝いをしてあげて。

ポンタ

周囲など気にせず自分本位。学習や上達には興味がなく、ただひたすら大好きなことに熱中しています。執着するおもちゃなどがあり、スリッパなど壊されて困るものがものが好きなら幼いうちに止めさせて。他のわんこがいてもおかまいなしですが、大嫌いなコなどとても怖がります。そのときの強要はNG。

マメヤッコ

まるでみんなを楽しませる役目をもっていると感じているかのような動作の愉快なかわいいコ。遊ぶのが好きで学習は苦手。マナー教室などは最低で修了で当人は十分のよう。「強いパパ、やさしいママ」という人間家族が大好き。家族がよい雰囲気だと、いうことによく従い、マイナスに傾くと体調に出がち。

メグ

周囲のことをよく見ている賢いコです。あんがいうるさ型で、人間や動物家族がいつもと違うことをしたり、規律を乱したりすると、怒って律したりします。教師として素晴らしいセンスをもっていそうです。律するのが好きなので、人間家族がそれに従わないと、やる気を失い、ストレスを感じそうです。

ハグハグするか、波と遊ぶか、それが問題

モモコ

やさしくてがんばり屋です。人間家族に心配をかけまいとがんばってしまいますが、どこかで疲れて、エネルギー切れします。がんばっていると感じたら、夜にやさしくハンドタッチを。そうすると体の力が抜けてリラックスし、不要なガマンをやめるでしょう。年下の動物家族が来たときはよき先輩に。

モナ

控え目で、人間でいえば無口なタイプですが、プライドを秘めています。自分がぞんざいに扱われるのを嫌い、物事がきれいに、ていねいに、いつも同じように正確に処理されることを望みます。ご機嫌ナナメのときは、人間が「今日は忙しいから簡単に」などと適当に処理し、ルール違反をしているのかも。

メチャ

愛らしく、よく遊びます。自分中心の面はありますが、周囲のことはよく見ています。自分の不利になるようなこと、苦手な人や仲間には絶対近付かず、自らを危険から守る能力が発達しているかも。食事などに知らんふりをするのは嫌いなしるしです。細かく神経質なところもあるので、無理強いはＮＧ。

リボン

愛嬌のあるかわいいコです。フレンドリーに育てば、誰にも人見知りなく愛らしい笑顔を振りまきます。ちょっと怖がりで、怖いことがあるとママのところやおうちに飛んで行く姿がまた愛らしく。病院や施設にいるアニマルコンパニオンとして、自由気ままに館内や庭を歩いているようなタイプともいえます。

モモエ

かわいいけれど、しっかり者。自分がしっかり者であることを隠し、幼き癒しの存在として、愛らしさを振りまいているかのようです。何か問題が起こると、ガゼンがんばり、ここぞとばかりに力を発揮します。問題が解決すると、また幼きかわいいコに。人間家族はその器の中で守られているかのようです。

モエ

おすましですが、あんがい庶民派でしっかりしています。人間や動物家族が困った状況にあるときなど力を発揮し、驚かされるかも。人間であれ動物であれ、弱者にはやさしく、守りかばうように接します。指導や母役など、頼めばがんばってくれますが、責任感が強いので、がんばり過ぎないように配慮を。

わんこにグチをいわない

わんこにグチや悪口をいってはいけません。とくに、家族のことを否定したり悪くいったりするのはＮＧです。なぜなら、わんこはみんなが大好き。みんなの心がひとつであることを望んでいるのに、「パパ、いやねえ」などといわれると、「パパは味方ではないのか。ママの的なのか」などと混乱してしまうのです。仲のぎくしゃくした関係を取りもとうとして、ストレスをためることもあります。

それから、わんこをグチのゴミ箱にしてはダメです。人間のマイナスを背負い、人間の代わりに病気になることもあるからです。

モコ

できること／できないこと、好き嫌いがあり、ストレスを作らないために、上手に線引きしてイヤなものを避けています。それがおしゃれで気位が高いように見えますが、当人の生きる知恵。おしゃれして外出し、おすましして、ホメられるのが好き。お誕生日などは特別なケーキなどで祝ってあげましょう。

人気の名前 §2

平和に温和に、思いやりがあり、やさしい

やさしく、穏やかで、円満。
しっかり者で、知恵が回る。
お年寄りや子供を見守り、
年下わんこを教育し、
陰から場をまとめ、
悲しいときにはそっと寄り添う
やさしいわんこ。

アイ

愛らしく、人間の愛を信じて育ちます。その分、やや自分なりの判断力は甘く、頼りがちに。人間はリードをしっかり、どこかに行くときなどは「○○に行くよ」などと、いつも同じ言葉を使って、きちんと伝えてあげましょう。それによって、自分なりに考えたり意志をもったりできるようになります。

カオル

見た目は愛らしいコですが、その実、とてもしっかり者。周囲のことをよく見ていて、イジワルなコには近付かないようにしたり、年下の弱者は叱責して教育するなど、場を仕切っているようなところがあります。このわんこに頭の上がらないコもいるでしょう。人もいい加減なことをすると、しかられます。

オハナ

ハワイ語で「家族」。日本語の「お花ちゃん」にも通じ、人気上昇中の名前です。やさしく家族思いで、家族の争いを静め、愛と平和を招く花のような存在。おとなしくのんびり屋ですが、ガンコで、マイナスにつながる事柄には絶対に動きません。優柔不断はNOのサイン。グチを聞かせると心身を壊します。

クイーン

その名の通り、しっかりしています。年下の面倒を見たり、仕切ったりするようなところもあります。成長すると、人間も動物もまとめて仕切り、人間も助けてもらえるでしょう。その分、きっちりしているので、散歩の時間が減ったりするとストレスに。帰宅時間や約束したことは守り、ウソは禁物です。

シオン

繊細で敏感、芯の強さを秘めます。いい出したらきかない面、イヤとなると絶対動かない面などありそうです。年上で包容力のある動物家族は、よきおさめ役、感情の安定役となってくれるでしょう。賢く自主性があるので、人間のいうことをしっかりきけるように練習することで、不要な興奮も防げそうです。

サラサ

たとえ男子であれ、人思いのやさしい女の子やお姉さんの雰囲気です。人の気持ちをよく察してくれるので、人間家族は落ち込んだり泣きたいときなど、やさしく慰めてくれるこのわんこに助けを求めてしまいます。すると家族を心配し、マイナスの気持ちをためてしまい、病気になることもあるので注意を。

クリス

人間でいえば「美人お姉さん」。しっかり者で物事がよくわかり、人間の用事を手伝い、お年寄りや子供を気づかい、年下の動物家族を教育。家族のお世話係を自認しているようです。「えらいね！」とお任せし過ぎるとガマンし、ストレスを隠して蓄積。反抗的態度やおなかの不調はストレスのしるしかも。

他と似ていない名前を付ける

最近は多数飼いの家庭が増えています。多頭飼いの場合は、他と似ていない名前を付けることが大切です。たとえば「うちは全員、“み”ではじまるの。ミッチ、ミック、ミサ……などというのは賢明ではありません。わんこたちが混同しやすいからです。

「混同」というのは、わんこから見れば、わかりづらく、「イライラ」のもとです。

語尾が同じもNGです。ミッキー、マッキー、ユッキー……。わんこを呼ぶとき、おそらく「キー」の音が強くなります。これも混同のもとです。

ミッキー、リッチーも“キー”と“チー”が強く聞こえ、どちらも「ｉ」の母音ですから（ｋｉ、ｃｈｉ）混同のもとです。

「リーちゃん、チーちゃん、ミーちゃん」なども、母音が「ｉ」で同じなので、好ましくありません。

母音や名前の雰囲気は、できるだけ離れた音に。もしすでに音が近い場合は、先ほどの例でいえば、「ミッちゃん、マッちゃん、ユッちゃん」にすれば、混乱がなくなります。途中から呼び名を変えるのは危険ですが、これもひとつのアイデアです。

音がバラけたほうが、それぞれの異なる個性が輝き、魅力的な家族ができるでしょう。

サキ

賢くカンがよく、ひとりで決めて行動します。人間がうかつだと、そのスキをを突いて自分の望みをかなえてしまいます。覚えが早い分、裏をかくのも上手です。人間家族と追いかけっこ、知恵比べのような関係にも。ゲームなど上手ですが、上達してホメられるのが目的ではなく、そのときの楽しさを喜びます。

サラ

厳しくやさしく賢いお姉さん。遠巻きに全体に目を配り、わがままなコやヤンチャなコがいるとよくしつけ、幼いコを危険から救います。年下や甘え上手がいたり、人間家族が当人より他をかわいがっていたりすると前に出ません。ストレスをためないように、ときどき当人中心で遊び、日頃からお礼の言葉を。

スマイル

わりあいマイペースで、調子のよさもあります。仲間といっしょに行動して、他の誰かのお菓子をちゃっかりもらってきたりも。好奇心は旺盛ですが、危険な冒険はしません。自分の理解の及ぶ範ちゅうで行動しているので、安心ともいえます。幼いときの体験などにより、苦手な犬種があるかもしれません。

シルク

おすましで、物事を敏感に察知し、あんがい太っ腹。度胸が座ったアニキアネゴ肌です。人間が不安を感じたときは「このコがいればだいじょうぶ」という気になり、たしかに太い柱のようにがんばってくれますが、相当無理もします。人間は頼らず、「このコにラクさせてあげよう」と思うと、幸運も接近。

シフォン

大人っぽく、気取っていて、下々のことには関わりたくないよう。仲間の指導やケンカの仲裁はしたくないようです。物事や騒ぎを遠目で見ていて、「ねこのよう」といわれることも。甘え上手で、怖がりで身体的にも強くない雰囲気。その甘えに乗ると、あとあとたいへん。当人の策略を読み取りましょう。

ゼン

ガンコなしっかり者ですが、やや自分勝手な面もあります。仲間から外れて、マイペースに遊んでいることも多いでしょう。学者的なところもあり、ひとりで身繕いしているようなときは、人間に触られるのは歓迎できなかったりします。散歩などは、日課として、必ず同じところに行きたいコもありそうです。

ソフィア

名の通り、知性的で優雅な優等生。マナー違反の粗野な乱暴者は苦手で、絶対近付きません。弟妹的な動物家族をかわいがるなど、身内を大切にします。彼らには多くを譲りますが、それ以外のところでは、自分の権利や取り分に敏感です。トリマーさんなども精神的に落ち着いていてマナーのよい人がお好み。

全力疾走。お耳がヒラヒラして、
風になって、気持ちいい〜

ニコ

頭がよく、譲らないガンコさがあり、ちょっぴりズル賢いちゃっかり屋。動物家族はその抜け目なさをわからず、おいしいものを取られてしまったり。人間の出方もよく見ていて、対応を区別するので、真剣に向き合って。人間がウソをいったり毎回違うことをいうと、混乱してストレスになるので厳禁。

トモ

明るく元気。散歩や遊び、仲間と会うことなど、大好きなことがいっぱい。大好きなことができないとがっかりしますが、不満をうまく表現できず、気付かぬうちにストレスとしてためます。不満を訴えず、いつも笑顔のけなげなイイコであることを忘れずに。ハンドタッチなど愛情を十二分に感じて喜びます。

タミ

愛らしく、やさしく、人思いです。人が困っていると気付かないうちにそばに寄り添っていたり。ふだんは何も気にせず無邪気に遊んでいるので、その行為にホロリとなります。人間の身代わりになろうとする気持ちが強いので配慮を。家族の笑顔が大好きで、お誕生日祝いなどしてくれるととても喜びます。

保護犬には新しい名前？

保護犬をお迎えしたら、新しい名前を付けたほうがよいでしょうか。

保護されたわんこは、保護団体や預かりさん（新しい里親さん＝家族が見つかるまで、一時、家で預かり世話をしてくれるボランティアさん）が付けた名前をもっています。この名前は、“しあわせな次の人生”を祈って付けられた名前ですが、やはり、仮りの名前、という感じがします。

保護団体さんなどでは、保護した順にアルファベット順に便宜上の名前を付けている場合もあります。

里親さんご家族はたいてい、「新しい人生がはじまるよ」という意味で新しい名前を付けるようです。でも中には、その名前がとても気に入り、「このまま行こうね」ということもあります。

さまざまなジンクスもあるようですが、「うちでしあわせな家族になろうね！」という気持ちがはっきりしているなら、どちらでもよいと思います。

そのわんこに似合わない名前と感じた場合は、そのコにふさわしい、よい名前を付けてあげてくださいね。

チエ

甘え上手の愛らしいコ。甘えさせ過ぎると依存が強くなったり、人をコントロールすることを覚えてしまうので注意。怖がりですが、ガンコさもあり、自主性をもって自分のことは自分でやりたいという気持ちもあります。マナー教室などでは上達と達成を喜び、学習意欲アップ。すると自信がついてきます。

ティアラ ♥

おしゃれで自分をよく見せようとするタイプ。やや神経質で、人見知りや好き嫌いをするのは自分を守るため。強引さや無理強いはNGです。がんばり屋で、ドッグショーやダンスなどで優勝できるコも。プリンセスの繊細な心を大切に。けなす言葉はプライドが傷付くので避け、言葉がけもきれいな言葉で。

マナ

かわいく賢いコです。誰が教えたわけでもないのに、人のようすを見ていて、役立つように先回りしてくれたり。誤解して先回りしたり、人間家族が予定を変えたりしたときは、気を回した先回りの行動に対してお礼を告げ、「今日はそれじゃないの」と伝えましょう。人間は当人の感情に見合う表情で対応を。

ホッペ

素直でかわいく、つねに人思いです。遊びに熱中しているようでも、近くにいる人間の状態を意識し、敏感に把握しているようです。人間家族が思う以上に大人です。人間がそれを理解すると、人間のほうが甘えてしまいます。そうすると受け止めてストレスをためるのでNG。無邪気なわんこらしさを大切に。

ポエム

おとなしく、ちょっと怖がり。段階を踏みながらいろいろな場所に連れて行き、少しずつならせて。たとえば最初は小さなカフェ、次第に大きなカフェへという感じです。ドッグカフェへという感じです。サプライズで体験させて怖がってしまうと、ガンコさもあり、尻込みして絶対受け入れなくなります。だっこ散歩も避けましょう。

マミ、マミー

愛らしく、おしゃれです。全部自分でできるようになろうとがんばり、できないとはずかしいように感じて落ち込みます。できないときは、笑ったり、「できなくていいのよ」などといわずに、6歳の女の子にいうように、上手になぐさめ励まして。努力することが好きで、マミーはとくによき母になるタイプ。

マユ

かわいい雰囲気ですが、あんがいがんばり屋で利かん気、競争心もあり。甘え上手なので、キラキラした目で頼まれると人間はつい甘やかし、操縦桿を奪われます。記憶力がよいので、何かに執着したり恐怖などを忘れられないことも。一度嫌いになった人や物事は好きになれないので、最初の体験に配慮を。

わんこもウソをつく

わんこもウソをつきます。いちばん多いウソは、人間家族を喜ばせようとするウソ。わんこはなんといっても、人間家族の笑顔が大好きなのです。

以前出会ったたばこ屋さんのわんこは、お客さんひとりひとりに愛想を振りまくのは本当は面倒なのですが、たばこ屋を経営しているお母さんが、「このコ、人が大好きで、人なつこいのよ」とお客さんにいつも嬉しそうに話すので、賢い看板犬は「集客はお役目でもあるなぁ」と“人が大好きなわんこ”を演じて仕事をするのです。

お客さんが喜んで帰ると、「やれやれ」という雰囲気で、所定の位置に戻ります。

もうひとつのウソは、叱られないためのウソです。わんこたちが使ったおもちゃを全部回収するまで、このドッグランは閉園にならないとわかっているわんこは、おもちゃを隠して、素知らぬフリをしていました。

後者のウソは「知能犯だなぁ」と感心しますが、前者のウソは、わんこのストレスともなるので、ご注意を。

マル ♥

昔も今も人気名。従順さもありますが、自分の世界をもっているので人間とはべったりの距離にはならず、わんこの領分をわきまえている感じです。散歩が大好き。日々の習慣を変えると不安を感じ、混乱も。生活は毎日同じことが繰り返されると安心します。新しい環境には少々尻込みし、ときにストレスに。

ユウガ

名前の通り、優雅な雰囲気。その分、苦手な仲間や物事とは関わり合わない面もあります。ポーカーフェイスに見えますが、実はあんがい怖がりなので、自分を平常に保っておくための知恵が発達しています。わざと知らんふりをしたり見過ごしたりして、事を起こさないようにします。クールなわんこです。

ラブ ♥

気ままで自由、気位高い愛らしい雰囲気ですが、繊細で人の気持ちをよく見ています。人は読まれていると気付かないかも。繊細で多感な16歳の女子の感覚です。王子王女様の教育係のように、愛情をもってきびしく大切に接して。敏感さが体調に出ないよう食べ物に配慮。苦手な学習は無理を重ねるので配慮を。

ムク

愛らしく、おとなしく、おっとりしているようですが、心は繊細でやさしく、周囲のことをよく見て把握しています。グチや不安を打ち明けると本気で心配し、ストレスに。「自分が代わりになれるなら」という犠牲的精神が強いようです。家族が笑顔で雑談している平和な団らん風景が何よりのごちそうです。

ユウ

自主性を見せるところとどうでもよいところ、ノリのよいときとテンションの低いときがあるなど、自分の気持ちに逆らわず、わりあい自由に生きています。ときどきふたつのことの板挟みになって悩んでいますが、決めたら迷いません。人間家族は「自分の好きにしてよいのだ」ということを学ぶでしょう。

人気の名前
§3

たくましく、強く、賢く、勇敢に

強く、賢く、勇敢なリーダー。
感覚鋭く、機敏な知能派。
元気で活発な
運動大好きなアスリート。
家族を見守り、
困ったときには助けてくれる。
キミはわがやの
スーパーわんこ。

イブキ

日本的な強い音です。しっかりと自分をもてるので、ていねいに教育を。忍耐強さとガンコさがあるので、人間は本気で向かい合う覚悟をして取りかかること。なかなか理解できないときは、じっくり誠実に。人の真意と信念が伝わります。ウソは絶対ダメ。誠実に接すれば、人を守り、ウソツキを見抜きます。

エール

がんばり屋で仲間思い。仲間をまとめるのも上手なので、ゲームなどのリーダーとして適任かも。人間家族のこともよく気づかい、心配をかけまいとして自分の苦痛を見せません。よく観察し、ガマンなどしているなら早期に気付いて。ストレスをかけないように注意し、ひとりで甘えさせる時間をとりましょう。

ウルフ

たとえ見かけがウルフのようではなくとも、心にウルフを秘めています。プラスに出れば、仲間をまとめ、和をつくり、家族思いで、人間の気持ちさえ前向きに。マイナスに出ると、リーダーをとりたいという気持ちやわがままが強く出ることも。ストレスをもたせないように心がけ、感謝の心で育てて。

オウジ、オージ

あんがいドジでうっかり者の「王子様」です。名前とのギャップやときどき見せるオスマシ顔がとてもかわいく見えます。怖がりなので、「怖かったね」などと抱き上げず、自主性をもつような教育を。するとたとえ体は小さくても、威厳が生まれ、後輩を教育し、責任感強く、人間を守るような立派なコに。

キング

名の通りとはいかず、わりあいもっさりしたところがあります。動じていないのか、反応していないのか、わからないこともあるでしょう。社会化ができれば、争わず、おっとりしているので、場に安泰な空気を作ってくれます。人間の子供の遊び相手なども合っているでしょう。ともに野球など楽しみます。

ガッツ

名の通り、元気で活発。マイペースで唯我独尊というところがあり、散歩などはぐんぐん進んで行きます。力があるので、愛らしいと思って接近した仲間に怖がられたり転がしてしまったり。幼少時の教育が大事。散歩は人を引っ張らず、人に添うこと。散歩とは別に、活動欲求を満たす運動時間をたっぷりと。

オーレ

元気で活発です。いつも動き回っているようなところがあるので、幼いときは危険に接近しないように注意。社会化により、仲間遊びが上手で、仲間と元気に遊ぶことが大好きに。人が大好きなコに養育するとさらに楽しい毎日に。責任感の強いよきリーダーとなる素質あり。セラピードッグも楽しい仕事かも。

ゲンキ

名前の通り、元気で活発です。ガンコな面、強気な面が表に出ますが、繊細さを秘めています。そのため、人の気持ちをくんで犠牲となったり、他の動物家族に譲ってガマンするなどして、ストレスをためていることも。がんばり屋なので、ときどきひとりだけで甘えさせてあげて。夜のハンドタッチも○。

キャプテン

キャプテン的にがんばろうとする要素もありますが、ドジも多く、そのギャップがかわいさです。誰かのマネをしてズル賢くふるまおうとしても、バレています。その困り顔やバツの悪い顔に人気が集まりそう。実は単純に見えて、あんがいガマンして本心を見せなかったり、年下に譲ったりしていることも。

カイト

賢く、人の先回りをするようなところがあります。家のルールや生活のパターンなど、いろいろなことがわかるようになると、あれこれ人を助けてくれます。調子に乗ると人をリードしてしまうので注意。スポーツやゲームなど、人間でいう趣味のようなものをもつと、集中力や思考力が増し、成長します。

避けたい名前①

犬種や色でわかる名前

プードルだから「プー」、白いから「シロ」、クマみたいだから「クマ」……。道で会ったわんこにそんなふうに呼ぶと、あんがい、当たってしまうことがあります。

わんこがみんなに親しまれ、名前を呼ばれ、人間の友だちをもつのはよいことですが、知らない人にいきなり名前を呼ばれるのは、わんことしてはとってもびっくり！　また、迷惑なことでもあります。

それはまた、場合によっては連れて行かれて（さらわれて）しまうことにつながります。「うちのコは、プードルのプーではなく、“プリマ”のプー」だとしても、呼ぶときが「プーちゃん」なら同じことです。

ガク

「岳」の雄大さ、動じなさ、「学」の学者的な緻密さや冷静さ、繊細さの両方をもつでしょう。物事をあまり気にしないようなら前者、気にするようなら後者となりそうです。かなり強情な面があるので、教育はしっかり、当人の納得を得られるまで。人間の根気も必要です。ルール違反をする人間は信じません。

ダイキ

しっかりしていて、リーダーとしての才能もあり、堂々としたリーダーになるタイプ。人間家族から見ても頼れる存在です。ただし、気のやさしいところがあり、何か小さな恐怖体験がトラウマになることが。虫が怖いというレベルではなく、今後に支障があることの場合は、少しずつならして自信回復を。

ダイ

好き嫌いがはっきりしていますが、人間家族が〝それが必要〟と感じていると理解すると、嫌いなことでもがんばって習得。行儀のよさを求められないところでは、活発に自由に活動します。大好きな遊びがあり、それが集中力などさまざまなことを養い、本能を満たし、人生?を楽しくします。

ゴウ、ゴー

強くて正義感があります。人の言葉を待ち、その通りに動くことを楽しみます。いろいろ教えれば、後住犬や仲間、子供の世話などしてくれるでしょう。それに対してきちんと感謝と喜びを伝えるときずなは深まるばかり。人間はいつも毅然とした同じ態度で。人が不安を感じると、それを察知して心悩ませます。

チカラ

陽気で単純ながんばり屋です。ホメられたりモテたりすると、ますますがんばってしまいます。疲れていることやストレスをためていることに自分で気付かず、突然、エネルギー切れにも。登山や大好きな友だちと遊ぶときなど、いくら喜んでいても、はしゃぎ過ぎによる疲れに配慮。道端の危険にも注意を。

タイガ

強く、力を秘めます。力があるので、社会化や教育が大切。それにより、人間の様子を観察し、助ける、強きサポーターに。にらみのきいた仲間のお目付役となることも。漢字であれば、「虎」のタイガーは瞬発力や競争心があり、トップを望む大物。「大河」のほうが一頭で息をひそめて獲物を待つ「虎」的。

ゴンタ

何かをくわえてずっと振り回しているなど、自分の世界の中でマイペースに生きています。リーダーシップや他の面倒、学習の達成の喜びなどとは無縁。人はその強く自由な姿に癒されます。散歩や運動は大好きなので、いろいろな楽しみを与えてあげて。ごはんも大好き。人のごはんは絶対与えないルールで。

トラ

名前は豪放磊落で強そうですが、自由気ままな姿の裏に敏感な顔もあり。人間家族のことをよく見ていて、でしゃばらず気付かれず、みんなの調整をはかります。ゴーゴー高イビキをたててイイ気に寝ているときなど、そういうときかも。学習は好まず、マナーがOKなら十分。ストレスがおなかに出るかも。

トノ

その名の通り「殿」。おっとりしていて、誰よりのんびり満喫。出遅れておいしいものを食べそこねたかと思うと、食べ物の匂いや音がすると、学習教室で「面倒くさいからもういいや」と寝ていても飛び起きて飛んで行ったり。そんな自由な雰囲気に人は癒され、笑いがおきます。厳しい教育は合わないよう。

ツバサ

運動神経がよく元気で活発。繊細さや敏感さもあります。周囲をよく見ていて状況を判断し、遊んでいたりウソ寝していたり。妙なときに騒いだり聞き分けが悪いのは、人に「それをしたらダメ！」とサインを出しているのかも。人のマイナスの感情を感じつつ、表情にも出さず、ストレスをためていることも。

ツヨシ

がんばり屋でおっちょこちょい。動作を見ているのも楽しいかわいいコです。よき先輩がいると心から崇拝し、何でもマネたり。一度ヒーローになると味をしめ、犠牲を払ってでも、みんなの役に立つヒーローになろうと目指します。忠実で誠実なので、学習により、人間の仕事のパートナーもできるでしょう。

漢字を使うなら意味を知ろう

最近は人間の名前にも「キラキラネーム」が多く、その意味を汲むと「ドキッ」とするものが多々あります。事故に遭った方が、よくない意味を表す漢字を名前にもっていたり、名前全体の漢字を組み合わた意味がよくないものとなっていることも少なくありません。

キラキラネームの音に漢字を当てるとき、漢字を音だけ当てて使うときは注意が必要です。

たとえば、「未」の文字は、「いまだ○○ならず」の意味です。「未来」は「いまだ、こない」。中国では、「花」の字は「あてどなくさまよう」といった意味。「風花」というときれいですが、疫病の意味をもち、「風祭」は疫病退散のお祭りです。最近は、漢字の意味でいうと風俗業を意味する名前やホームレスを表す名前も一般的になっています。

あげていったらキリがなく、「今はそんなこと気にしないよ」といい放つこともできます。

でも文字は古代に生まれた一種の「まじない」です。人々が何千年も使ってきた「まじない」は、その意味を負っています。漢字を使うときは、「名に漢字の意味を負わせる」と意識して、漢字の意味や成り立ちを必ず調べましょう。

ピント

名前の通り、賢く、ピントが合っています。控え目ですが、周囲をよく見ていて、みんなに気付かれぬように動いて場を整えていたりも。いいコで自分の体調やストレスを省みないので、十分に配慮を。寝る前のねぎらいの言葉、ハンドタッチを欠かさずに。「これからもよろしく」はがんばり過ぎるのでNG。

バロン♥

名前の通り騎士的な堂々とした面がある反面、おっちょこちょいの面も。自分のこだわりさえ通せれば、あとはかまわぬという感じです。ドジも多いのですが、プライドあり。ホメたり感謝を告げると喜び、鼻高々です。得意な学習には力を入れ、そうでないものはシラッ。弟的な友だちがいると毎日が楽しく。

ドン

どっしりした感じがありますが、大物というよりはむしろのんびり。ゆったり感が人を癒します。人間家族は、自分ががあたふたしているとき、悩んでいるとき、悲しいとき、べったりくっついているとラクになるようなわんこです。ストレスをためないように、運動や遊びの時間は十分過ぎるぐらい十分に。

プリンス

カッコよさを狙い、おすましで気取り屋。プライドは高いのですが、公平で、弱き者にはやさしく、遅れたりはみ出したりした者を指導。学習もがんばり、後輩に教えます。マナーにはうるさく、ドッグランなどでは厳しい園長に。本物の王子を目指しているかのよう。ホメ過ぎるとがんばり過ぎてストレスに。

ビッグ

大物らしいところもあれば、適当なところ、面倒くさがり、気が向いたらやるというところもあります。その気になると強情ともいえるほど集中し、がんばりますが、気が向かなければ、おだてや口車、食べ物には乗りません。わが道を堂々と進む立派さ、清々しさがあります。弱者にはやさしさを見せます。

ナイト

その名の通り、スマートで気取り屋。ほしいものが手に入らないと「武士は食わねど」的に無視。でも周囲のことはよく見ていて、人が本当に困っているときはわがままをいわず、何かあれば寄り添ってくれます。ふだんは散歩で先へ行きたくて引っ張るのに、お年寄りには速度を合わせ、一切引かなかったり。

ワタチたち、4人姉妹。生まれてまだ、ひと月

ボス

名の通りボス格。少々のことには動じず、どっしり。知らんぷりやタヌキ寝入りのプロ。実は周囲のことは何でもわかっていて、どうしてもとなると重い腰を上げます。そのときは日頃の図々しさやふてぶてしさからは想像もつかぬ細やかさを見せます。弱者にはいつもやさしいですが、しつこいのはキライ。

ヤクモ

自主性のある凛々しいコです。教えられたことはがんばってマスターしようと努め、必ず習得し、一回覚えると忘れません。人間家族はつい頼りにしがちですが、あまり甘えるとわんこにとって荷が重過ぎます。猟などワークドッグに向きますが、責任感が強いので、がんばり過ぎのストレスに配慮を。

リキ

強くて人思い。人に忠実に、人を守ろうとするタイプです。独立心、自主性もあり、幼いときはかなりガンコで、自分の望みを通そうとするかもしれませんがそこをしっかり、人間は社会の先輩として教育を。そうすれば動物家族のリーダーともなるでしょう。散歩で会う自分より体の小さなコに恋をするかも。

マックス

強くリーダーシップもあります。小さなことにはかまわず、堂々とした大物の雰囲気です。自分のごはんや散歩などは重大事で、自分の分を動物家族に取られそうになると怒り、叱責しますが、子供や弱者、パピーなどは守り、やさしさを発揮。友だちは好き嫌いが明白で、好きでないコは上手に避けます。

ユウキ

名前の通り、勇気があります。本当はそうでもないのですが、みんなを助けよう、率いよう、役に立とうとがんばります。がんばっているのにうまくできないと落ち込みます。そのときはハンドタッチを通して「そのままで大好きだよ」と伝えましょう。外を走り回るなど、大好きな屋外遊びでストレスを解放。

リュウ

活発に遊び、賢く、自主性がります。母わんこから早く離れた場合は、しっかり社会化をしておかないと、自分の思いで勝手に行動するようになってしまいます。学びの習得が9割だと、1割の自由を見つけて遊んでしまいます。10割の完全習得が必要です。そうすれば立派なリーダー犬ともなるタイプです。

わんこはよく見ている

わんこは、人間が思う以上に、人間をよく観察していて、やることや性質、そのときの感情、「こんな気持ちのときはこうする」といったパターンなどをよく見ています。

その結果、ズル賢いわんこは、相手によって態度を変えます。イイコのわんこは、自分の欲求や不満を隠し、ひたすら笑顔で人間に添おうと努め、ストレスをためます。

人間家族を助けようと自ら病気になったり、人間家族のネガティブを吸い取って病気になるコもいます。

おとぼけわんこやイラズラわんこ、失敗わんこやおそそうわんこが、実はとてもよく見ていて、人間の気や場の雰囲気を緩ませていることも。

観察というより、すべてを“気”で感じているのかもしれません。実は、人間の感情に匂いがあり、それをかぎ取っているという説もあります。

人気の名前 §4

幸運、希望、夢。しあわせになるように

新しい家族は、
しあわせを運ぶ使者。
笑顔と日々の喜びを万倍に、
ケンカはいつしか仲直り。
キミは絶対、福の神！
愛を運ぶ天使かも⁉
うちにきてくれて、
ありがとう。

サチ

個性はあまり強くなく、いつも人のそばに寄り添うようなさりげないコです。ときどきつまらなそうな顔や悲しそうな顔、面倒くさそうな顔をして、人間のような雰囲気です。どこにでも自然に付いてきて、そこにいてくれます。それに甘えてしまいがちですが、ときどき、どんな気持ちか真剣に考えてあげて。

ダイキチ

元気で、無心に遊ぶ様子がかわいく、仲間遊びも上手。コケたり失敗したりして失笑をかい、場をなごませます。ときどき不安を感じたり、花火など初の体験に恐怖。そのときはやさしく寄り添い、「ここにいるよ」と伝えて。ルールなどなかなか覚えないものがあるときは辛抱強く、何度でも。怒ると逆効果。

ジョイ

名前の通り、遊びが大好き、無心に遊ぶことが喜びのよう。あんがい人間の心を敏感に察してしまうので、苦しくならないように、無心に遊ぶことに熱中しているという面も。本当はそれがほしいのに、仲間や年下の動物家族に譲ってしまうことも。当人の気持ちを察し、言葉やハンドタッチで感謝を伝えて。

トミ、トミー

素直で愛らしいかわいいコです。やや気が小さいので、おねだりなどしたくてもできなかったり、他の動物家族や仲間に押されてしまいがち。でも文句はいわず、あるもので満足している姿に愛しさが増します。仲良しの動物家族がいると、いつもいっしょに過ごして、毎日がいっそう楽しくなりそうです。

ピース

穏やかで人（?）がよく、のんびりしています。何か怖いものがあると興奮することもありますが、なれるか、正体を理解すると、興奮しなくなりそうです。散歩はコースを決めず、あちこち行っていろいろ見聞きすると、学習し、賢さもアップ。食事量は一定に。あまり変わったものを食べないほうがよさそう。

ハッピー❤

元気で明るいコ。自分の世界をもってひとりで楽しむことができます。しかしあんがい気持ちが細やかで、家族が不安を抱えていると、それを感じ取って心配していると見せないように、無心に遊んでいることも。素直で無邪気な反面、ストレスをためがち。無防備で疑わず、ガマン強い心を察して接して。

ノゾミ

兄姉的な雰囲気。後輩を適度に指導しますが、気の向かないときがあり、気の向かない相手もいます。仲間と離れてひとりで好きなようにしているときもあり、ストレスをためません。ときどき食べ物にあきるかも。食欲が落ち、体調は万全なら、食事に変化を。動物家族がいても、ひとりの散歩も必要です。

ハート

仲間とあまり親しく混ざらないところがありますが、その分、客観的に全体のことをよく見ています。何かのときは、よい方法を選んで動きます。ケンカがあると仲裁に入るなど、必要なときだけ手を出す中立的なまとめ役、ジャッジ役のコも。自主性があり、大人で、人間家族のことも冷静に見ています。

ママが次にいうこと、
じっと待ってる

フク

いつも楽しそうに遊んでいるかわいいコ。自分で考えて自ら行動するというより、習ったルールを守るタイプです。仲間遊びも上手で、友だちに会うのが大好き。よい先輩わんこがいると、たくさんのことを学びます。人間家族のケンカや不安を感じると、胃腸が不調になるなど繊細なところもあるので配慮を。

フクタロー、フクタロウ

いつも元気で陽気。素直で約束は守り、適度にかわいいいたずらも。みんなの太陽のような愛すべきアイドルです。あまりに「イイコだね」といって人間家族が頼ると、成長とともに役割を請け負い、ストレスに。いつもニコニコしていて怒ることもなく、ときどき具合が悪いようなら役割によるストレスかも。

フクマル

元気で素直、人や仲間思いのやさしいコです。いつも元気に遊んでいますが、人のことをよく見ていて、人が悩んでいたりすると、自ら犠牲になるような面も。落ち込み、食欲低下、大好きなことをしないときはストレスかも。原因を探ってあげて。つねに元気でお利口なので、見逃されがちなタイプです。

いろんなコがいる

当然ですが、わんこの性質もさまざまです。学習好きとそうでないコ。上達や達成好きとそうでないコ。競争好きとそうでないコ。人間や仲間が好きになるか、付き合いがいいかどうかは、幼いときの養育にかかっている面も多いですが、やはり、「家族にしかなつかない」など、もともとのＤＮＡに左右される面もあります。

人間家族の中には、いっしょにダンスをしたい、フリスビーをするなどアスリートにしたい、ショードッグ、ゲーム、セラピードッグ……など、さまざまな希望をもつこともありますが、それが可能かどうかはわんこの性質によります。

ゲームで競争したり、セラピードッグをするなど苦手なのに、人間家族が喜ぶからとがんばってやって、ストレスをためているコもいます。

勝敗を争うアスリートやゲーム、セラピードッグなどはそれが大好きなわんこがやってこそ！

最低のしつけだけはがんばってもらい、それ以上のことは、わんこの様子を見ながら進め、大好きなようならＧＯ、そうでなければ、人間家族の夢を負わさないようにしてあげましょう。

ホープ

元気で勇敢で冒険心があります。幼いときから好奇心のままにあちこち行くので、ケガなどに注意。なつこく、社会化されていない大きなわんこのところにも行ったりするので、はじめてのことにはくれぐれも注意。リードを短くもち、人間の脇に添い、じっとしていることができるように練習しましょう。

ミライ

自分をもっていて、マイペースなところがあります。動物家族や仲間と付き合いはしますが、適度な距離を取り、面倒には関わらないタイプ。気に入ったコだけと付き合い、しつこくくるコは牽制します。マナーなどの覚えも早く、恐怖感もあまりないので、何かにびっくりして失敗することも少ないでしょう。

ユメ ♥

愛らしく夢みがちな性格。甘えん坊の癒しやさんです。家にいるときは元気いっぱいですが、外に行くと怖いものが多く、引っ込み思案になることも。繊細で臆病な面があるので、ムリなしつけは逆効果に。状況を理解させてあげると自信がつきます。6歳のナイーブな女の子のように接してあげましょう。

ラック

目走りがきき、いつでも上手に自分の快適さを作っています。ひとりで自由勝手に遊んでいることも。他を押しのけたり奪ったりせず、自分のことは自分で面倒をみるので、世話なしです。ベタベタ感のなさを寂しく感じるかもしれませんが、べったりせず、自活?して、自由に生きる気軽な姿に人は学びます。

ロク

のんびりしていてマイペース。でも何か大好きなことが目の前に起こると、とても素早く飛んで行きます。食事や散歩が大好き、屋外遊びが大好きで、山の散策などは至福のときです。山を歩くと本能がよみがえるような感じがします。一般学習は興味ナシ。自然から学ぶような実地体験型学習が得意です。

ラク

賢く自主性があり、先々のことを読んで計算し、行動できます。人の言葉を待って即座に達成しようとする面も。学習すると達成と上達を喜び、どんどん学習が進むでしょう。チームゲームなどではリーダーが務まり、ワークドッグの才能もありそうです。当人の目が活気付いてキラキラしているなら適性です。

ラッキー ♥

陽気で元気。遊びが大好き。基本の「食う寝る遊ぶ」ができれば、世界は自分のために微笑んでいるようなコです。ルールを守る散歩以外に、屋外で自由に遊べる時間が必要です。友だち作り、動物家族や友だちとの付き合いも上手です。敏感さがあり、家族の不安を心身に引き受けます。心配させないように。

人気の名前 §5

大きな自然のように、のびのびと、元気に

宇宙や銀河や星や大空。
海に山岳。
虹や雪や嵐。
美しく豊かな自然に育まれ、
厳しい自然にも負けない
強いわんこになあれ。

アース

元気で自立していて、自分のことは自分で考え、行動するようなコです。その分、人や動物の誰ともやや距離をあけますが、依存がなくスッキリしていて、人は多くを習います。遊ぶ、勉強する、甘えるときなどの区別が明白で、生活習慣を守ることが好き。その感覚を崩さないよう、当人の生活感覚の尊重を。

アキ

しっかり者で、役柄としてはお姉さん。自分の世界もあるので、年下の仲間があまりに物覚えが悪かったり、いうことをきかないと、プイッと自分の世界へ戻ることも。どちらかといえば賑やかでうるさい環境より、静かな環境が好み。人間なら、静かなカフェでひとりで読書するのが好きというタイプかも。

アオゾラ

のびのびしたコ。自分で何かあまり考えません。「今、目の前にあることだけが世界」といった感じで、そのときそのときを受け取って楽しんでいます。人間は「あまり考えなくていいんだな」と教わります。辛そう、イジけた、ようすがおかしいというときは、家の中に矛盾があるのかも。人間側のチェックを。

アクア

自分の意志があり、怖いもの知らずで、自由に何でもできるようなコ。リードを離すと、思いもかけないところに行ってしまうので要注意。スポーツやゲームを楽しむかも。考えることが好きで、頭脳的なエネルギーがあるので、新しい興味をどんどん与えてあげないと、確信犯的な悪いイタズラのもとにも。

カゼ

あまりべたべたせず、名前の通り、風のように自由に生きています。散歩には探索や匂い分析など、自分だけの楽しみがあり、日々満喫しています。散歩は毎日絶対欠かせず、野原を自由に駆け回るような時間も大切です。多食と閉じ込められたような生活はNGです。おしゃれより、ワイルドが好みです。

オリオン

名前の通り雄大さがあり、自主性もあります。細かいことで怒らず、恐怖心も少ないよう。よきリーダーとなり、みんなを見守ってくれるでしょう。怒られるような行動はあまりしないのに、何か変わったことをしたときはすぐにしからず、理由を見つけてあげて。それにより、プライドを傷つけずに済みます。

ウミ

少々のんびりしたところもあり、あまり深く物事を考えていないよう。怖がりなところもあり、先輩やリーダーのマネをします。友だちができると嬉しく、散歩途中などで出会うととても喜びます。ドッグランなど社交の場を増やしてあげると、自然と成長が促されます。冷えと暑さ、皮膚の健康に留意を。

ギンガ

強く、責任感があります。弱者を守り、リーダーシップを取れるタイプです。エネルギーが余るとリーダー争いなどしてしまうこともあるので、よく運動させ、社会化も完ぺきに。規律正しくするような練習を好むコも。人とともに達成したいという意識もあり、ワークドッグやセラピードッグなどに向くことも。

カイ

ちょっと大人っぽいスタイリッシュな17歳、ジャニーズの王子様の雰囲気。プライドが高いので失敗を笑ってはダメ。「かわいい、イイコ」より「カッコイイ、ステキ」の言葉が喜び。習い事をして自信をもつとますます達成を喜ぶようになり、他のお手本を努めようとします。ショーやスケボーなどに才能も。

オオゾラ

おっとりしていて穏やかでガンコ。納得しないと離さず譲らず、一歩も動かず、行動しません。覚えは遅いものの一度覚えたら忘れず、必ず実行。それを後輩に教えることもします。人間は絶対にウソをついてはいけないタイプ。融通は利きませんが、年をおうほどに人を助け、人の大きな支えとなるでしょう。

人間なら避ける言葉も

人間の名前の場合は、避けたい言葉があります。それは、あまりに規模が巨大過ぎるもの。たとえば「宇宙、太陽、月」など宇宙的や天体的な名前。「空、海」など、大き過ぎる自然の名前。「鉄」「石」など金属や鉱物の名前。「夢」などもつかみどころがないので避けます（芸名などを除きます）。

でもわんこの場合は、自分で切り開いて人生を生きるわけではなく、人間に寄り添ってくれている天使さん、精霊さんともいえます。ですから、「宇宙」や「夢」など、人間に夢を与える名前もいいように感じています。

オーロラ

自分の好きなことを大事にしているので、他が遊ぼうと誘ってきても、なじまないことがあります。服や食べ物にも好き嫌いが強い可能性も。指向を大切にしてあげましょう。トリミングのやり方や寝床が変わると神経質になってしまうことも。預かりホテルなど、よく慣れたスタッフさんの存在が不可欠。

サンダー

元気で勇気もありますが、ときどき勇み足で失敗。細かいことは考えず、ドーンとぶつかってみようという行動派タイプです。成長につれ知恵が付き、緻密さが出てきます。すると賢いリーダーに。愛情をたっぷり受けて成長すれば、よきリーダーに。そうでないと、ちょっとズル賢いリーダーとなるかも。

サーフ

いつも何かに興味をもって遊んでいます。屋外が大好きで、屋外にいれば木の根元1本1本の探索など、ひとりでいつまでもあきずに遊んでいます。室内にいて、好奇心の対象がないとつまらない気分。できるものならリードなしで、草野球に参加したり山野や土手をかけ巡ったりできると大喜びです。

コナツ

愛らしさ、ガンコさ、強さ、臆病さが入り交じります。はじめてのことや把握できないことを前にするとかたまってしまいます。すべてにおいて「いきなり」は避け、徐々にならして。いきなり長距離旅行ではなく、ちょっと乗り物に乗る、歩いて近所の河原に行くなど、少しずつ。なれない食べ物も苦手かも。

サンデー

元気で陽気で自立したところがあります。ひとりで自由に遊ぶのが大好きですが、仲間付き合いも上手。特別好きな友だちをもちそうです。散歩はとても楽しみ。きちんと人に合わせて歩く散歩とは別に、自由に匂いをかぐような自由な散歩を設けてあげて。そちらは「探検」など名前を付けて、混乱の防止を。

サン

やさしくて、気がよくて、みんなに大切にされるタイプですが、当人はふらっとひとりでいたり。ときどきおもしろくないことがあると怒り、甘えたくなると甘えてきます。怖がりな面もありますが、ガンコに主張する面もあり、人間の仕事に協力的ともいえません。当人の自主性と快適な距離感の尊重が大事。

コハル ♥

のほほん、おっとり。自分のおかしを誰かに取られても文句もいわないような〝人のよさ〟がある反面、我の強さ、利かん気の強さ、ガンコさもあり。何かの際には驚くほどのガマン強さを見せて人間を慰め、力を与えてくれます。神経質な面もあるので、未知のことは当人が理解し納得するまで教えてあげて。

スカイ ♥

賢く育てれば、自主性があり自分で考えて行動するコに。人は依存のなさに寂しさもありますが、その自由さや飾らなさに勇気や潔さを感じます。仲間付き合いも上手で、社会化が不十分な仲間や後住犬を教育し、リーダーシップを取る面がありますが、仲間を優先も。食事を他に譲っていないかなど注意。

うーん。ボールくわえて、哲学してるの

タイヨウ

元気で、単純な面もあれば、よきリーダーとしての面もあります。ちょっとしたことで落ち込みますが、好きな食べ物などで元気になります。人間のウソには混乱し、わかりづらい態度にはテンションが落ちます。ウソなく、シンプルがいちばんです。友だちが大好きで、会って遊べるととても嬉しくなります。

ソラ

のんびりおっとりして、自分のものを他に取られても気にも止めないorわからないのかと思えば、鋭敏で運動が大好きな面も。のんびりしている姿は時間に追われる人間を癒してくれます。人の気持ちを優先して自分を抑えたり、ストレスを溜めると吠えたりすることもあるので、敏感な感性を察してあげて。

スバル

ひとりマイペースに、匂いをかいだり穴を掘ったりしているタイプです。細かなことに動じたりビビッたり、ヤキモチをやいたりすることもないでしょう。ひとりで大人になってゆくので、人間家族は「もう少し手がかかってもいいのに」と思うかも。その犬種らしさをじっくりと見せてくれるわんこでしょう。

ツキミ

美を愛するような優雅なところがあります。雨の中を歩いて足が汚れたりするのは、好きではないかも。少々怖がりなところがあり、苦手なものや未知の怖そうなものを前にすると尻込みして隠れます。注射などが怖いようなら工夫をこらして。後住犬が気に入らないと距離を取り、ずっとなじまないことも。

ダイチ

気持ちが安定していて、どっしりしています。信頼できるリーダーとしての資質もあります。人間思いで、お年寄りには歩む速度に合わせ、子供と遊び、危険から守ります。ときどき疲れて寝ているのはエネルギーの補充。人間は頼り過ぎないように配慮。思い切り遊ぶ時間やハンドタッチの交流時間を大切に。

ソヨカゼ

そよ風になびくようなナイーブさと柔軟さがあります。周囲の空気に敏感で、ようすを見て、それに合わせて動いています。譲らないときは、仲間にズルいコや弱い者イジメのコがいるのかも。みんなが平和で穏やかで楽しいことが大好きなのです。ふだんは怖がりですが、あんがい大きな勇気の持ち主です。

避けたい名前②

コマンドと同じ名前

コマンドには魅力的な言葉がたくさんありますが、コマンドと同じ音の名前は避けたほうが無難です。理由はもちろん、混乱のもとだからです。「うちは英語コマンドではなく、日本語です」といったとしても、隣で遊んでいるわんこが英語のコマンドで行動していたら、それが耳に入ったわんこは混乱します。

よく使われるコマンドや言葉としては、「ルック、アイ、ゴー、スィット、ステイ、ダウン、カム、グッドボーイ／ガール、リーブ（イット）、ヒール、ターン、ダンス」などがあります。アイちゃん、ゴーちゃんなどは多い名前でしょう。

どこかから「ヒー（ル）、ヒー（ル）」と聞こえてきたら、日頃「ヒー」と呼ばれている「ヒナタ」ちゃんや「ヒラリ」ちゃんは、「アレ？　呼ばれてる？」と思うでしょう。ふだんから「ヒナタ」「ヒラリ」「ヒナ」なととと呼んでいれば、混乱もありません。

ノエル

厳しく強く、やさしく、ガマン強いリーダー気質のわんこです。ふだんは寡黙にグループを見守りますが、何かあるとキチッと叱るなどケジメを見せます。先生わんこだとしたら校長先生タイプです。人間家族のためにも、人間が気付かぬところでがんばって働いているので、夜はやさしくハンドタッチを。

ナツ

人思いのやさしいコ。いつも周囲を見て、気を配っています。不安があるといつもより真剣に、ひとつのおもちゃなどで遊んでいます。遊びをあまりに止めないときは、人間が何か不安を見せたのではないか考えてみて。だいたいいつも譲ってしまうので、ストレスを溜めないように気配りしてあげましょう。

ナギ

しっかり者のがんばり屋。気持ちがやしさく、人間や仲間のことをよく見ていて気をつかいますが、長くは続かず、途中から甘くなります。そこにかえって「がんばらなくていいんだね」と人は癒され、寝ている姿を見て安心します。みんなが仲良く楽しそうなこと、やさしい言葉やハンドタッチが大好きです。

ハツキ

名前は「八月（葉月）」を意味しますが、当人は盛夏というより、堅く、マジメです。ごはんの器やトイレシートの置き方、散歩など生活全般、いつも同じようにきちんとなっていることを好みます。そうしたことが安心を生みます。賢く敏感なので、人間や動物家族のちょっとした変化などすぐに気付きます。

ナミ

ふだんはおとなしいですが、気難しいところがあります。天気具合、服が少々キツいなどで散歩もイヤになりますが、人にはその理由がなかなかわかりません。自分の決め事にきびしく、こだわるタイプです。こもれる場所に、ひとりでいたり仲良しといたりすると、とても落ち着くということもありそうです。

ナギサ

ふだんは弱気のところもありますが、芯の強さがあり、立派に成長すると、包容力のあるやさしいわんこになります。母わんことしての能力が強烈だと、守るときや不安を感じたときにヒステリックに興奮も。日頃から、人間の速度に合わせた散歩ができるように練習するなど、精神の安定作りのお手伝いを。

いつも同じ呼び方で呼ぶ

わんこはできるだけ、家族の誰もが同じ名前で呼ぶようにしましょう。「ミリー」に対して、ママはミーちゃん、パパはミリスケ、長女はミリーちゃん、長男はミリコ、おばあちゃんはミリーさんでは、わんこは混乱します。ただこの場合は、「ミ」の音で判断できるので、わんこもなんとかなれることもできます。

困るのは、人間が機嫌によって呼び方を変えるときです。機嫌がいいときは、「ミーちゃん」、悪いときは「ミリー！」。

これでは、賢いわんこは相手の気持ちを察して、呼び方で態度を変えます。

機嫌のいい呼び方をするときは「これをするチャンス！」「イタズラしてもたいじょうぶ」。この呼び方をするときは、「危険危険！　いうことをきいて……」というわけです。わんこのほうが、一枚、うわ手です。

リク

賢く、自分で考える力をもつコ。マジメなので、人間はいつもいうことが同じであるように、ルールが一定であるようにすることが大事。そうしないと混乱をきたします。動物家族がいれば、よきリーダー犬となりそうです。人間に「相手に尊厳をもって接する」ということを伝えてくれるわんことなるかも。

ヤヨイ

キマジメで物静か、古風な日本人のような雰囲気をもちますが、あんがいおっちょこちょいで陽気です。ときどき落ち込んでいても立ち直りが早く、オトボケともいえるその様子に癒されます。小さな虫やおもちゃなど、何か変わったものが好きかも。それとひとりで楽しそうに遊んでいる姿にもほっとします。

ハル

賢く俊敏。母わんこと長くいるなど社会化が成功していると、家族をよく守り、責任感あるリーダー犬に。動物家族のルール違反にはきびしく接するコワい存在ですが、弱者はやさしく守り、かばいます。人間のルール違反にもうるさく、やることがいつも違うと甘く見られ、ルールを変えると混乱します。

リュウセイ

感覚が機敏でマイペース。自分が好きなことをしていたいタイプです。ともに過ごし、人間と遊ぶことの楽しさ、ルールなど従うことやチームワークの楽しさも学んでもらいましょう。アスリートとしての練習やゲームなどで忍耐力を養うと大きく成長。いちばんよいことを自分で考えるようにもなります。

ユキ

やさしくて甘えん坊で遊び好き。ちょっとガンコでマイペースでワガママ。いろいろな性格をもっています。強気に見えるのは、繊細さを押し隠しているからかも。教育がきびしいと萎縮し、教育方針の違いに出合うと混乱します。多少、暴れん坊だとしても、自由にのびのびと遊ばせ、〝のびのび〟を伸ばして。

マリン、マーリン

自由を愛する遊び好きなコ。床に滑らないワックスを使い、入ってよい場所を多く開放するなど存分に遊べる環境を作り、散歩や屋外で遊ぶ時間もたくさん作ってあげましょう。自分の境界線をもち、仲間とはルールを守った付き合いを望みます。ワガママなコを極端に嫌うかも。「イヤ」という意思の尊重を。

ルナ

おしゃれでかわいく、ワガママで甘えん坊。そのうえ、繊細で神経質。不安定になったときなど人間は甘やかしたくなりますが、グッとこらえて。いつもと同じ場所に寝るなど、決めたルールは変えないこと。後住犬がきたときは、「弟／妹は赤ちゃんね」などといいながら、エコひいき気味にしてあげて。

ヨゾラ

堂々としていて、夜空を見つめる哲学的のような雰囲気。無駄な力は使わない賢い省エネ型で、何かあると真剣に活動し、そうでないときは寝ているかも。動物家族や外で会う仲間には適度に接し、自分の世界を保ちます。ごく少数、大好きな仲間や家族以外の人間がいるときは、彼らに会うと心から喜びます。

ムーン

かわいくて繊細でガンコでやんちゃ。いろいろな顔をもちますが、とてもデリケートな面、何が何でも譲れない面があるので、そこをちゃんと見て、認めてあげて。ガサツなコは嫌いで、マナーのよい上品なコだけ友だちに選びます。食べ物の好き嫌いが強いときは、それでおなかを守っている面もあります。

人気の名前 §6

自然の恵み、彩り。豊かに、美しく

春には春の花が咲き、
初夏の青葉、
秋の紅葉、たわわな果実。
花、鳥、ちょうちょう、
みんなの仲間。
彩り豊かな自然の恵み。
みずみずしく光り輝き、
新鮮な喜びを運びます。

アイビー

しっかりしていて、何でも自分で考えてやりたがるところがあります。年上の先住犬などとはあまりなじまず、〝変わり者的〟であることも。手はあまりかかりませんが、どうしてもガンコに譲らないところがあるので、尊重を。大好きなおもちゃなど、どんなに汚くても捨ててはダメ。捨てるとしばらく落ち込みます。

アオバ

のびのびと運動することが大好きな元気なコ。あまり人間の悩みや俗世界には関与したくないようです。安心してリードを離し、疾走したり仲間と転げ回ったりできる時間をたくさん与えてあげて。最低のルールを覚えることは、自身もラクになるので覚えます。あとは運動が足りればガンコですが、問題は少な目。

アオイ

大人びたところがあり、自分のことは何でも自分で考え、自分で決めてやりたいと思っている小学3年生の女子の感じ。できないとがっかりして落ち込んだり。マナー教室やゲームなども好きで成長意欲も十分。よい教室や指導者に出会うと友だちも増え、人間家族とのコミュニケーションも世界も広がります。

アップル

無邪気なかわいいコ。仲間とよく遊び、人間を信頼し、よく甘えます。人間が何不自由なく育てようと甘えさせ過ぎると、他への優位意識をもってしまうので注意。仲間と接する機会をたくさんもち、できれば動物家族がいて、みんな公平に養育するとよいかも。勉強もいっぱいすると、自信がもてて喜びます。

アロマ

基本的に、自立をめざすコです。自分のことは自分でやったり、面倒になるとやってもらったり。好きなことでも、やるときとやらないときが。そのときのやる気やノリがあります。全体に無理強いはせず、当人の自由意志で。寝場所など大切にしているものがあるなら、他に侵害されないよう守ってあげて。

イナホ

おとなしくて、よく考える大人っぽいコです。ガンコで聡明な秀才です。とはいえ、熟考し過ぎて腰が上がるのが遅かったり、悩んでそれきりになってしまったり、仲間においしいものを取られてしまうことも。後住犬や後輩にわんこ社会のルールをきちんと指導し、お年寄りの世話も上手でしょう。

ウメ

人情味あふれた性格。泣いて笑って怒ったりヤキモチやいたり、感情が素直に変化します。人間が複雑なことをしかけると、いじけたり、ふてくされて引っ込んだり。人間はウソをつかず、正直に素直に接して。心配性の面もあるので、不安を与えないよう。留守番をさせたら、人間は帰宅時刻などを守ること。

アンズ

人思いのやさしいコ。芯はガンコで絶対譲らないのに、表面上は気の弱さがあり、鋭い感性で人の思いを感じ取り、人を優先して自分を抑え、イイコに。小さいときからたくさん遊んであげ、好きなことをのびのびとして、好きなことを主張できるコに養育を。同居犬が強いと陰になりガマンするので注意。

イブ

ややワガママなふるまいがかえって魅力。怖がったり強がったり、甘えてきたり、ツンデレさんです。自由なふるまいが好きですが、弱く依存する心もあり。イヤなコが絡んできたり苦手なスタッフさんなどはとてもストレス。元気がなくおなかをこわしたら、精神的ストレスです。暑さ寒さの調整にも配慮を。

オーキッド

名の通り、ランの花のような高貴な雰囲気があります。〝上から目線〟ではなく、まさにみんなを見守る女王です。おっとりしているので、目ざといコに何かを取られてしまうこともありますが、怒りません。マナー違反が過ぎると冷静に叱責します。人間のことも世話していて、人間の失敗もやさしく許します。

イチゴ

かなりのガンコ者。イヤなものは絶対イヤ。よそ見して知らんぷりです。大好きな熱中する遊びがありそう。時間などがきて止めさせようとすると拒否して興奮も。「やめ」に素直に反応できる練習を。道端のものを口にしないよう注意。仲間や動物家族には好き嫌いや怖いコもいて、好きなコとだけ遊びます。

カリン

愛らしく、やや気の弱さもありますが、そのナイーブさが人間にはたまりません。神経質な面もあり、何かの際に強く反応することがあります。そのときはていねいに怖さのもとを除去するように努めましょう。何事も自分の勇気と納得が必要なので、無理強いはNG。ゆっくりなペースを見守ってあげて。

カエデ

やさしいお姉さんのようなタイプ。周囲を見守り、できずに困っているコがいると助けてくれます。学び中の後輩に対しては、ヒントを与えつつ、手は貸さず、忍耐強くできるまで見守るので、先生わんことしても適任です。何かどうしても受け入れられないものがあるので、それに遭うと急に吠えたりも。

オリーブ

オリーブの木は平和の象徴。その名の通り、平安を愛し、よき兄姉といった落ち着いた雰囲気があります。動物家族とは上手に付き合えますが、ひとりの時間が必要。自分専用の寝床、ごはん容器、トイレ、散歩などが必須かも。木の下で寝たいといったら寝かせてあげるなど、望む静けさを大切にしてあげて。

クルミ

愛らしくやさしいコです。実はガンコさも秘め、何かに対しては絶対譲らなかったり。それを尊重してあげましょう。仲間や動物家族に対しては適度に距離を取るかも。当人のスタンスなので、それはそれでよし。トレーナーなど好きでない人間と接するとストレスを溜めます。不調はおなかに表れることも。

カボス

人の目を見てアイコンタクトを取りたがるかわいいコです。人間家族ときちんと向き合い、相手の気持ちをしっかり確認したいのです。繊細でガンコな面もありますが、それは何か不利でイヤな出来事がないと表面に出てきません。引きこもり気味の人間家族がいるときなど、よき助けとなってくれそうです。

オレンジ

陽気で元気ですが、ときどき沈み込むなど気分の変化が。天気などと関連していることも。仲間との関係にあまり神経を使わないのはよさでもありますが、相手は誤解して怒ってしまうことも。早くからわんこ社会になじませて。人間とは適度な距離を望みます。望まないときなでまわしたりするのは、迷惑なだけかも。

リーダーの座を狙う？1

「イヌはリーダーを取りたがる。イヌになめられたらだめだ。ガツンと押さえ込んで、人間がリーダーであることをわからせないといけない。イヌはつねにリーダーを奪うチャンスを狙っているのだ」というような考えがあります。

この考えの場合、しつけは、「悪いことをしたら叱る」「何が何でも服従させる」という方法を取ります。

また「イヌは上下関係が大事。序列を作る」というようないい方もあります。

私が＜アニマル　コミュニケーション＞で見てきたことは、たしかに「トップを取りたい」というコもいますが、みんながそうではありません。「叱らない人のことを甘くみる」というのはあります。それは、わんこはやりたい放題やって、ラクチンで、おかしなど簡単にもらえると嬉しいからです（中には人間よりルールに厳しく、人間がルーズだと叱るわんこもいます。これも人間が「甘くみられている」のひとつではあります）。

サクラ

やさしく素直。人のなごやかな気持ちの中にいるのが大好き。おちゃめで天然のおとぼけもいます。学習意欲は少なめで、学習は苦手かも。大好きな何かをあげると少しやる気がアップ。ガンコさもあり、イヤなものはとぼけてスルー。中には、繊細で人の気持ちをくんで演じるコも。ストレスを溜めないよう配慮を。

サクランボ

愛らしいコですが、かなり怖がりかも。ひとりっコで、甘えさせ過ぎると、あとあと困ったことも。怖がったときにすぐに抱き上げるのはNGです。友だちをたくさんもち、仲間と遊べるコにしましょう。仲間が怖いものに上手になれさせてくれます。神経質でおなかなど弱いことも。食べ物や冷えに注意。

コウメ

甘えん坊で人見知り。みんなと遊びたいのに、なかなか仲間に入れないことも。なれてくると、洋犬は王子様お姫様の雰囲気が出てきて特別扱いを喜び、和犬はフレンドリーで素朴な〝人のよさ〟が出てきます。ともにやや我の強さ、譲らない面あり。爪切りなどで痛い思いをすると戻すのがたいへん。注意を。

サクラコ

サクラよりちょっとお姉さん。思慮深さや気取っている面もあり、物事をする前に思考するタイプです。考えて、できると思ったらするので、臆病と見えるときもありますが、確実で堅実さがあり、賢くもあります。一度覚えたことは絶対守ります。守れないときは、何か精神的に悩みなどを抱えているかも。

サツキ

賢く、キレがあります。庶民派かと思っていると、何かのときにプライドの高さを見せるかも。その気位や気概を尊重すると喜びます。仲間とみんなで遊ぶときは、さり気なくリードを取りたがることもあるでしょう。自分のものはきっちり自分のものと思っていて、好きな仲間か幼い仲間にしか貸しません。

コムギ

愛らしいコです。ときどきガンコになって譲らないことがあります。それは気まぐれではないので、観察していれば、何を譲らないかわかります。その思いを尊重してあげましょう。神経質な面もあり、母になったときは子供を強烈に守りそうです。当人の考えやもっている世界を大切にしてあげましょう。

勝負、駆け引き、親睦。絆、つながり。
いろんな意味

ジャスミン

気取っていて、プライドの高さもあります。仲良しとは遊びますが、それ以外とは自分からなじもうとしないかも。人の後ろに隠れていることもあります。食べ物の好き嫌いがあり、おなかが弱いようなら食べ物に留意。暑さ寒さ、疲れにも配慮。とはいえ、すぐに抱き上げてしまうなどの特別扱いはNGです。

セージ、セイジ

大人っぽく、仲間が何かの遊びに熱中しているときも、自分だけは他のことをしていたり。できるだけ動物や人の友だちを増やして、生活に楽しさを作ってあげましょう。次第に上達し、できることが増えると自覚できる学習は楽しく感じます。好きな食べ物の幅が狭いほど、ときどき違う食べ物にトライを。

セロリ

遊び好きで、仲間と遊んでいたら、いつのまにかひとりで好きなことに熱中しているタイプ。新しい動物家族が来たときは、最初は離れていますが、いつのまにかなじんでいるでしょう。複数で散歩に行くと、みんなの足並みとズレて、あちこちに興味を示してストップ。自分の指向を大切にしているのです。

スミレ

愛らしく甘え上手です。人間が喜ぶと〝かわいい仕種〟や目線をすぐに覚えて活用します。少々ヤキモチやきなので、他の仲間が甘えていると、自分が前に出ようとしたり、それができないとスネたり。甘えさせ過ぎに注意。ホメられ好きなので、人間がホメ上手になれば、後住犬などの面倒もよく見ます。

スモモ

かわいらしく、人や先輩たちのあとを付いて回り、マネするようなコです。内面にはガンコさがあり、嫌いなものに直面したときや大好きなものを奪われそうになったときにガンコさが出ます。ひとりぼっちや病気になると落ち込み、留守番は苦手。ストレスが続くといじけます。誰かがいつもいるような家が◯。

デイジー

名の通りかわいい花のような可憐さ、愛らしさがあります。怖がりの面もありますが、ひとつひとつ克服していこうという強い気持ちと勇気があります。成長後は包容力あるたくましい母や先生わんこにも。人間は子供を育てるような気持ちで。なんでもやってやらず、当人のやってみたい気持ちを大切に。

ツクシ

遊んでもらえないと、けなげにひとりで遊んでいるような愛らしくかわいいコです。ワガママをいわない分、ガマンをしてストレスをためている面も。「あのコはひとりでも平気。ガマン強いから」と無理をさせるのはNG。ときどき存分に遊んでもらったり、人に甘えたりできると、とても嬉しくなります。

預かりのママ大好き♡ アリガト

タンポポ

名前通り可憐で、笑顔で楽しく遊ぶかわいいコです。しかし思わぬところでガンコさを見せ、絶対動かなくなることも。急ぐような場でそれが出たとき、無理やり動かすと、問題やトラウマのもとにも。繊細で傷付きやすい面もあるので、譲らないときはその理由をきちんと見つけて、融通がきくものはきかせて。

ツボミ

愛らしいコです。怖がりな面、神経質さから断固としていうことをきかないような面があります。よき先輩がいるとともに行動し、怖いものをひとつずつ解除していけるでしょう。先住犬が世話好きか母わんこタイプなら、後住犬としてうまくいきそうです。先住犬がヤキモチが強いと、受け入れてもらいづらいかも。

ナズナ

安定感があり自主性もあります。最初は好き嫌いを正直にいえないなど自己表現が苦手。好みがあるのですが、ガマンしているので、ストレスに配慮。寝床はひとりがよく、そうでなくてもだまっています。食べ物を2種類置いて選ばせるなど必要かも。動物家族がいるなら、ひとりだけの散歩をして、何が好きか観察を。

チェリー

愛らしく、少々臆病で、仲間の影に隠れているような面があります。怖がったからとすぐ抱き上げると、いい結果にはなりません。怖いものと遭遇したら撤退させ、いつでも自分の足で立っていましょう。人の気持ちを敏感に察知するので、家内の不和は禁物。グチなど告げるのもNG。ストレスに配慮を。

だっこ犬にしない

いつも、だっこされて散歩？しているわんこがいます。こうしたわんこには、家族以外の人間や仲間付き合いが苦手なコが多いです。だっこされていると、「地に足が着かず」、他のわんこを見下すような傾向も出やすくなります。盲導犬は誰の目も恐れずに見て、アイコンタクトできるようになるために頻繁にだっこをするそうですが、ちゃんと自分の足で歩いたり、人や仲間付き合いも覚えますから、だっこの意味が違います。「こういうこと（人間が困ること）をすると、だっこしてもらえる」と覚えてしまうのも困ります。

ノバラ

愛らしいコです。ちょっとわがままなところが見える場合は、わんこ教育をしっかりして、仲間や他人と仲良くできるコにしましょう。ひとりっコ時代が長くて後住犬を迎えるときは、当人に相性のよい相手を選ばせてあげましょう。母わんこになったときは、他から強烈に子を守る強き母となりそうです。

バニラ

ふだんはおすまし。気位高い感じで、すぐには人や仲間になじみませんが、どっしりと腰の座ったところがあります。人間家族が心配事を抱えおろおろしているときに、地に足着けて安心をもたらしてくれたり。その分、自分の考えがありガンコさもあります。ときどき落ち込みますが、自己解決しているよう。

ベリー

素直でマジメなかわいいコです。教わったことを一生けんめいやろうと努力するタイプです。覚えると、それを年下の仲間に教えるよき兄姉的な面もあるでしょう。家族のためにイイコであろうとがんばり、イヤなこともやろうとして、ストレスをため、体調を壊すことも。「イイコね」は禁句の場合もあり。

ハナ

明るく素直で繊細。人間の気持ちを気にするやさしいコで、人間にとってはたまりません。ついそこに甘えがちですが、グチなど告げてはだめ。心のゴミ箱役をかって出ます。当人が楽しくしあわせであることが第一。ダンスなど人間とともにする楽しい趣味が気に入りそう。ストレスが体に出やすいので配慮。

ヒマワリ

明るく元気でのんき。自分のものを仲間に取られてしまうような面もありますが、何かひとつ、「自分のもの！」と主張するかも。後住犬がくると人のよい（？）よき兄姉ぶりを発揮。大好きなことをしているときが至福のとき。それが何か把握を。人見知りしないなら、人間の友だちもたくさん作ってあげて。

ホタル

愛らしく、人のようすをよく見ていて、分別がある雰囲気。幼いうちは、人の怒りなどマイナスの気持ちを感じるとストレスとなり、元気を失うことも。人間家族は自らの気持ちの制御が大事。成長すると、怒っている人の気持ちをやわらげるような行動も。とはいえ、わんこにストレスを負わさないことが第一。

ハニー

名前通り、スイートなかわいいコです。自分ひとりでいつまでも遊んでいたり、仲良しを見つけて遊んだり。怖がりの面とがんばり屋の面とあるでしょう。人間家族思いで、心配させないようにと何かあっても無理をしてしまうことが。ツンとおすまししているからといって、何もないわけではないようです。

プラム

愛らしくよく遊びます。人がケンカや言い合いをしていると、わかっていてもあえて無視。強くないので、自分を守るために家内のマイナスの空気を受けないようにして、その分、楽しく遊んで、周囲を明るくしようとしています。注射などは恐怖。トラウマを作らないよう配慮。大好きな医師にかかって。

ポテト

遊ぶ姿が愛らしいコ。やや気が弱いので無理は禁物。トラウマなどに残るとマイナスの記憶がなかなか取れません。「取ってこい」などの遊びや散歩、砂場や芝生など大好き。コミュニケーション的な遊びや屋外の環境に熱中させてあげて。他に動物家族がいる場合、何かがうまくできなくてもおやつは均等に。

ミカン

愛らしい雰囲気のコですが、好き嫌いはガンとして譲らず、一筋縄ではいかないところもあります。トレーナーさんなど人やドッグランなど場所を一度イヤと思ったら、もう絶対イヤ。つまり最初が肝心ですから、人間はそこを好きになってほしいと思ったら、細心の注意と準備を。友だちも第一印象が大事。

ムギ

素直で、人のいうことをよく聞こうとするけなげで愛らしいコです。人の感情を感じて移ってしまうところがあるので、マイナスな気持ちを見せないで。人間が強く立派な大人として、目標や見本となることが大事です。学習は苦手でもがんばります。人間家族に喜ばれようと無理する面もあるので、配慮を。

マリモ

愛らしく、甘え上手。物覚えはとてもよいのですが、わざとできないフリをするなど甘えの名手です。記憶力もよいので、人間が何かを忘れていると、してやられます。それだけに、家の中のことなどきちんとでき、人が間違えたり忘れたりすると教えてくれるほど。赤ちゃんやお年寄りの世話係もできるかも。

ミント

きれい好きな愛らしいコ。自分なりのルールがあり、それを守れないと落ち込んだり機嫌が悪くなったり。当人のルールをできるかぎり尊重してあげて。他のわんことはすぐにはなじめず、ようすをうかがいながら、気に入ったコだけゆっくり友だちに。デリケートでもあるので、強引、無理強い、ガサツはNG。

メープル

賢くて自主性があり、秀才タイプです。学習などでは自ら優等生になろうとするだけではなく、先生や人間家族に喜ばれようと努力し、ホメられるともっとがんばります。人があまり喜ぶと、がんばり過ぎて燃え尽きたり、スランプで落ち込むので注意。仲間と無心に遊ぶ時間を大切にしてあげましょう。

マロン、マーロン

品のいい優等生。プライドがありホメられると喜び、失敗を笑うなどは落ち込むのでNGです。「次はうまくできるね」と笑顔でいわれるとがんばれます。上達好きなのでダンスなどの学習もOK。きれいな服も大好き。動物家族とは特別の仲良し以外は適度な距離を取ります。食事に注意し、おなかを大切に。

赤ちゃんは遊び過ぎて、ねむ〜。
あっちに何か動いてるけど、ねむ〜

ライム

ひとりで遊んでいるようなところがあります。社会化を大切に、友だちをたくさん作ってあげましょう。あちこちのドッグランに行ったり、散歩は決まったコースを決めず、いつも変化するのも楽しみかも。母わんこと早く離された場合は、ハンドタッチを大切に。自分の身体感覚を感じさせてあげましょう。

ユズ

愛らしく賢く扱いやすく見えますが、実はかなり気難しくガンコ。教えたこともすぐに覚えますが、トレーナーの腕のよしあし、相手がどれだけ動物愛をもっているか、ていねいかなど完全に見抜きます。そのため人や動物の好き嫌いをしますが、その思いを大切にしてあげ、人はウソをつかないことが何より。

メロン

賢かったり、ときどきオマヌケだったり。のんびりと自分ペースで生きています。ときどき気分が停滞するときがあるようです。そのときはいつもよりやさしくしてあげて。家が好きなコ、外に出て自由に遊びたいコ、両方いそうです。規則的な生活より、その日の気分を大切にするので、その気持ちを尊重。

ラン

おしゃれなおすましさん。行儀よく人の脇に座り、街のおしゃれなカフェなど楽しみます。嫌いなものを無理強いすると、トラウマになったり、その関係者を信頼しなくなったりするので注意。嫌いな服のせいで機嫌が悪いということも。繊細ですが、ひとつひとつ理由はあります。その理由を見つけてあげて。

ライチ、ライチー

賢くかわいいコです。いつもじっと人の顔を見上げ、言葉や気持ちを感じ取ろうと待っているようなところがあります。人が言葉を発したら「その通りにしてあげよう」という気持ちがけなげです。ひとりで好きなことに熱中していると見守りたくなります。人間や動物家族に譲ってガマンしてしまう面に配慮。

モミジ

好きなことを大切にして喜び、嫌いなものには〝引っ込み思案〟という手でパス。ガンコともいえますが、大和撫子的でもあり。好きなコには弱くて、会えるとすごくうれしくなります。無理強いはトラウマとなりやすいので厳禁。人見知りも多いので、預けられるような好きな人をたくさん作ってあげましょう。

リーダーの座を狙う？２

イヌがリーダーを得たいという気持ちのことを「アルファシンドローム」といいます。スキあらばトップを奪おうとする。「覇王」みたいな感じです。でも全部のわんこがそうではありません。それより今の家庭犬は、ポジション取りをしているように見えます。

家のリーダーはお父さん、お母さんはみんなのお世話をしてくれるママ、彼はお兄ちゃん、彼はほとんど歳がいっしょの仲良し友だち、幼い赤ちゃんとパピーは面倒を見る存在。家の大黒柱、軸となり、船長となるリーダーは、やはり絶対必要です。

ぼくは笑わせ係、ぼくはおとぼけで場をなごます係、イタズラして気を引き人間のケンカを止める係、ぼくはわんこリーダー、ワタチはお姉ちゃんが落ち込んだとき慰める係……などと、ポジションを得て、持ち場を守っているのです。

わんこたちがフォーメーションを組んで、人間家族のケンカを止めようなど、目的を達成することもあります。これは人間家族のほうが気付かず、外から見る者のほうがよく見えます。

リリー

気取っていてプライドが高く、おしゃれです。失敗したときなど、誰にも見られたくないと思うタイプです。失敗は見て見ぬフリをしましょう。学習はトップに立ちたいのでがんばりますが、上位は無理と感じると、興味を失うことも。洋服を自分で選ぶコもいそうです。嫌いな服を着るとテンションもダウン。

レモン

スッとしたスマートな雰囲気。散歩もきれいに歩き、ショードッグにも向きそうです。幼くしつこい仲間や干渉してくる仲間は、面倒くさいので苦手。食事はできたら、ひとりずつ容器を用意してほしいタイプ。いちいち争ったりするのは、楽しいリクリエーションではなく、できれば避けたいと感じています。

ワカナ

カッコよく、ホメられる存在でありたいと思っています。しっかり者の兄姉的でもあり、後輩や後住犬がくるとしっかり指導します。しかし四六時中指導するのは好まず、必要なときだけ。あとは自分の時間を自分の好みに使います。人間はそのスマートさや切り替えのうまさに感動、見習おうと思うでしょう。

リンゴ

元気で愛らしく愛嬌があります。場にいるひとりひとりに愛想を振りまいて歩くようなコで、みんなにかわいがられると嬉しくなります。人見知りをする場合は、人は怖い存在ではないとわかると人好きに。毎日の習慣や仕事があり、それをきちんと遂行することを人にホメられると人生がますます楽しく。

ローズ

落ち着きと優雅さがあります。ちょっとのんびりしていたり、腰の重いところもあります。人マネや競争心はなく、自身の納得がいくと、のっそりと動き出すタイプです。自分が好きなことをしている時間が大切で、それを取られると怒ります。散歩などは好きなコースがあるので、可能なら尊重してあげて。

ワカバ

古風で和風のしっかり者。生まれながらに母や指導者の資質を備えているでしょう。中には怖がり屋もいますが、母となり先輩となるうちに、怖さを克服し、立派な大人に成長。幼稚園の先生なども合っています。セラピードッグなどは、気をつかい過ぎて、喜びよりストレスのほうが多くなってしまうかも。

人気の名前 §7

宝石の輝きや色のオーラをまとわせる

美しい宝石の名前は、
愛するわんこに贈る冠。
石言葉、誕生石、何で選ぶ？
色の名前は、
わんこのカラーで決めたり、
色のパワーで選んでみたり。
わんこのオーラが輝くように。

アオ

大人になりたい、立派になりたいと憧れていますが、実がともなわないところがかわいいところ。単純で素直なので、一瞬にして物事が心に入ったり、マイナスに判断して思い込んだり。人間はウソをつかず、誠実に正直に接し、マイナスの思い込みは時間をかけて解除を。寝る前のハンドタッチで安心します。

アカリ

素直で、自分で何でもやれる立派な大人わんこになりたいと思っています。その実、怖がりでもあり、人間にはそのギャップが何とも愛らしく見えます。学んで、できるようになると喜び、ますます努力し、しぶとさが出てきます。ホメつつ応援を。できることが増えるほどに自信がつき、年下のよき指導者に。

アカネ

人に委ね、目を下から覗き込み、信頼して任せるような雰囲気がかわいいコです。その実、芯が強く、ガンコでしぶとく、ガンとして譲らないところも。マナーや社会化にきびしいので、優秀な先生や母わんことなる資質も。資質を生かすためには、人間はウソなく、誠実に、聖職の教師のように接してあげて。

エメラルド

一見、高貴な雰囲気で、高見にいるように見えるのですが、実際は包容力あり。よき王／女王／女王タイプです。誇り高い王／女王の気質をもてるように、ていねいに育てましょう。最初にきちんと手をかければ、あとは世話がかからず、他のわんこの教育係として活躍。人間の子供の教育も期待できるということも。

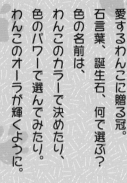

オーラ

名の通り、輝きを感じさせてくれるわんこ。聡明で、口数?は多くありませんが、人が困っているとき、インスピレーションを与えてくれることも。動物家族や仲間との付き合いも上手。当人の好きなことをのびのびとやらせるのがベストで、天真爛漫に遊びます。アウトドアを走ったり探索したりが好きかも。

ギン

マイペースに自分のやりたいことをして生きています。人が何かをしてくれれば嬉しいですが、してくれなくても、怒ることも他にシットすることもありません。プラスのことだけを棚ぼた的に喜ぶのです。新しい動物家族がきても我関せずで何も変わりません。運動など大好きなことをたくさんさせてあげて。

サファイア

高貴な雰囲気があり、やさしくおっとり。物事全部は気にならず、把握する必要もないので、のんびりしています。他の動物家族が何かをすれば、「あら、どうしたの?」という顔をしてまた寝てしまったり。人のとなりで、なでられながらくつろいでいるのが大好き。学習は好まず、競争も縁ナシです。

キラ、キララ

自由に好きなことをして遊ぶタイプ。仲間とは遊ぶけれど、今ひとつ距離を取るかも。ときどき何かに過敏に反応。おびえたり体調を急に崩したら原因をしっかり突き止めてあげて。しつこい人やコトは苦手。何度も繰り返してなじませようという手はNG。キララは、過敏な興奮や反応度もノー天気度もアップ。

クロ

明るく奔放で運動や散歩が大好き。猟犬や和犬の感性をもっています。考えることより、運動するほうがよいという体育会系。マナーなど最低だけ学習したら、あとはのびのび生活を。母わんこと3か月以上いれば社会化も十分、甘やかさなければ養育しやすく、わんこコミュニケーションも上手でしょう。

サンゴ

やさしくて思いやりがあります。宝石のサンゴは〝家族〟の象徴。その名の通りに家族思いで、みんなの和だけを求めて行動します。後住犬や人間の子供には、やさしく慈愛ある教育者や母親のように接します。家族に尽くしてストレスをためることも。人間家族がもっともグチをいってはいけないタイプです。

キン

敏感で行動派です。面倒事に関わるより、ひとりで穴を掘るなど遊んでいるほうがいいタイプ。実は人や仲間思いで、笑顔の裏で犠牲を払っていることも。あのコはききわけがいい、遊んでいればOKと他を優先すると、ガマンを続けてしまうことにも。ときどき単独の散歩やハンドタッチなどで愛を伝えて。

ゴールド

わりあいのんびりしていて、なかなか動きません。ガンコ者で気に入らないと腰を上げません。好きなごはんやお出かけとなると、すぐに気持ちが切り替わります。仲間とうまく付き合えるコとなじまないコがいそうです。なじめないときは、人間が混ざってみんなでゲームなどすると、うまくいきそうです。

ジェイド

大人の落ち着きがあり、情熱もあります。パピーがきたり、ショーウォークの学習をはじめるなど、身に起きた新しいことが気に入ると、情熱を燃やし一生けんめいになります。責任感もあり、世話役やまとめ役ともなれます。熱中すると人間の介入をいやがることも。つねに人とともに楽しめる体制の維持を。

ジェム

おしゃれでしっかりしています。自分なりのこだわりがあり、それが大切なプライドとなっています。嫌いな服などは絶対イヤ。友だちにも好き嫌いがありそう。嫌がることを人間が強いると気分ダウン。やるべきことはきっちりやってもらい、譲歩できることはして、当人なりのスタイルを守ってあげて。

ダイヤ

気位の高い面はありますが、それが自主性につながります。上品で優雅なマナーを覚えることを喜びます。ショーの動作を覚えることなどは、人間とのうれしい共同レッスンであり、コミュニケーションとなるでしょう。服などおしゃれ用品が大好き。「かわいい、ステキ」というホメ言葉にうっとり反応も。

パール

おしゃれでおすまし。仲間のケンカなど意に介さないタイプもいれば、やさしくいさめる母のようなタイプもいそうです。当人の母わんこや家系の他のわんこを見ると、どちらのタイプかわかります。前者のタイプは、ショードッグなど向くかも。練習や上達が大好きだと、ますます仲間と距離を置くことも。

シロ ♥

無邪気で天心爛漫なよいコ。直感が鋭く、いつからか人間の心を鋭く見抜く目が目覚めることも。すると天真爛漫に振る舞いつつ、人を思って行動。人はそれになかなか気付けません。おかしな行動を取ったときは家族を守るためかも。母わんこのそばに長くいれば誰とも上手に付き合え、他を教育するコにも。

トパーズ

少々のことでは怒らず、いつも穏やかです。自らの穏やかな態度ややわらかな目の輝きで周囲の平和を守り、まとめているともいえます。人間や動物家族がケンカをはじめると割って入って止めたり、何かの際には自分が身代わりにも。人間はそのけなげさをねぎらい、「気をつかわなくていい」と告げましょう。

ビーズ

穏やかで、人のいうことを一生けんめいに理解し、聞こうとします。素直で、がんばり屋です。おっとりしていて、仲間においしいものやおもちゃを取られても怒りませんが、学習のときなど何かのときにはしぶとさを見せます。人の苦労を肩代わりしようというようなやさしさもあるので、ストレスに配慮。

シンジュ

おしゃれで、一見、ワガママな女王様のように見えます。実際は周囲のことをよく見ていて、自分の気持ちを抑えているところも。女王様タイプではありますが、物静かにみんなを陰からまとめているのです。他の動物家族がいないとき、好きな食べ物をあげたり、のんびりタッチをして、労をねぎらって。

ノワール

賢く、控えめですが、情熱を秘め、誇り高きナイトのようなところがあります。いつもスマートな雰囲気ですが、周囲のことはよく見ていて、人間家族を危険から守ったり、マナーの悪い年下の仲間を叱責したりします。毎日の習慣を愛し、長めの散歩、夜の散歩、アウトドア、森の中を歩くことも好きかも。

ヒカリ

ひとりで自由に遊んでいるようなところがあります。母から早く離されたコだとしたら、仲間とうまく遊べるように手助けを。よい仲間をたくさんもてると、人生が活気づき、楽しくなります。逆に、甘やかせ過ぎやだっこして散歩するような生活はNG。当人の世界も小さく恐怖だらけになってしまいます。

ピンク

少々落ち着きませんが、その分、愛らしく、ハデでにぎやかで、周囲が元気になります。当人は理解できないことも多いので、失敗が笑いのタネになったり、わけがわからないまま怒られたりすると落ち込み、また天候や体調などでも落ち込む繊細さもあります。ハンドタッチなどのやさしいケアと心づかいを。

ブラック

賢く、しっかりしていて、覚えも早く、身に付けたことを守り、クールです。周囲の人や物事、人間や動物家族のことをよく見ていて、人間以上に細かな部分を把握。ふだんは「関わりありません」という素知らぬ顔ですが、実際はとても温かい心があり、何かの際には情熱的でハートフルな行動をとります。

マシロ

しっかりしていて、自分の考えがあり、ガンコ。自己主張もします。人間はルールを決めた通りに守ることが大切です。公平感を求め、評価眼もあるので、他の動物家族がいるなら公平であるように努めて。後輩の動物家族が来たときはきびしい教育係となり、先輩がルールにルーズなときは叱責するでしょう。

ブチ

わりあいマイペースでどっしりしています。何があっても、ごはんだけは忘れず請求したり、不安がっていたかと思うとグーグー寝ていたり。人間はその態度に癒されます。気の小さい面もあるので、失敗などをはやしたりしないこと。当人がイヤがることで避けてもよいものは、避けるようにしてあげましょう。

ベニ

ふだんは控え目で物静かですが、胸に強いものを抱いています。何かあるととても勇敢。選択が間違っていたり危険を感じたりすると、ガンコ一徹、譲りません。母としての素質もあり、子を守り、しっかり教育します。学校の指導役など最初は遠慮しますが、役を自認したり、乱暴者に腹を立てると、力を発揮。

ロゼ

優雅で穏やかで物静かです。でも芯には強くきびしいところを抱えていて、何かあると絶対譲らなかったり、怒って阻止したりします。人間たちのやさしい交流が大好きで、人間から険悪な雰囲気が流れてくると弱ります。「くだらないことにこだわっていないで早く解決しよう」という気にさせてくれます。

アニマル　コミュニケーション　1

<アニマル　コミュニケーション>はどうやってするの？

よく「<アニマル　コミュニケーション>は人間の会話と同じように、会話をするのですか？」という質問を受けます。

だいたいは、テレパシーのようにまとめて心に入ってきます。それを私が言葉として、お伝えします。映像を見せてくる場合も多いです。映像の場合は、サイズ感覚や対象物の向きが人間と違うので、最初は何だろう？と思うこともありました。たとえば、椅子の座部の裏側、巨大な木の根元、食事の容器が天地逆だったり（鼻を突っ込んで食べるので）。

映像に加えて、味覚、音、触覚などの五感でも伝えてくれます。

人間の言葉そのままに話してくるコもいます。大きく立派な男の子が、若い女性の言葉で話してきたこともありました。とても、不似合い！　彼は 20 代のＯＬさんと暮していたのです。

人気の名前 §8

ふるさとの山や川、大好きな地、思い出の国

思い出の地、懐かしい地、
憧れの地、自分のふるさと、
わんこのふるさと。
地球のランドマーク、美しい風景。
いつでもいたい場所、
いつもそこの空気を
感じていたい場所。
わんこが
その地と家族をつないでくれる。

アサマ

しっかりしていて、勇気があります。責任感もあり、人間とともに仕事をすることを喜びます。森の中などに入ったときは冒険心いっぱいに嬉々として活動します。好奇心が勝ると失敗もあるので注意を。人間のいうことが変わると、いうことをきかなくなります。わんこが人を選ぶともいえるタイプです。

アズサ

思慮深く、大人っぽさがあります。大人になると、精神的に落ち着いた27歳ぐらいのお姉さんの雰囲気。それを見て人間はつい頼りがち。当人も後住犬などいると、お姉さん役をこなそうと甘えも譲ってがんばりますが、ストレスを溜めたりも。寝る前に感謝のハンドタッチで甘えタイムを。ややエコひいきで。

アスカ

のびのびしたコに見えます。何も考えずに自由に遊んでいるコもいれば、賢く、自立してしっかりしていて、厳格で、人間や動物の仲間を陰から見張って気配りしているコもいそうです。いずれも、ちょっとしたストレスなどで体調を崩すことがあるので注意。のびのびの裏に、繊細な神経が隠れています。

アソ

忍耐力があり、強く無口（?）なリーダーです。立派な日本犬や大型犬なら、わんこばかりか人にも気づかい、世話してくれます。ガマン上手で、いくらでも自分の欲求を押さえます。無理を強いず、定期的に、存分に無邪気に遊ぶ機会を与えてあげて。運動量はたくさん必要。運動しないと太り気味にも。

アワジ

いろいろなことによく気付き、人も気付かぬうちに場をまとめる力となっているわんこです。リーダーは好まず、陰から見守る2番手タイプです。小さな子供の面倒もよく見て、危険や転倒を防いだりしていることも。人間はつい、甘え過ぎに。夜はやさしくタッチして、「ありがとう」の気持ちを伝えて。

イヨ

愛らしく甘えん坊です。年上のわんこ家族がいると、そのマネをしたり、後を付いてばかりだったり。自分で考え自分で行動できるように、また自主性をもたせるために、学校に行くのもよいでしょう。あまり強くしかると恐怖を覚えます。甘やかし過ぎず、上手にルールを伝え、物事がわかるコに育てて。

カイジ

しっかりしていて、責任感が強く、自分で考え判断して行動する力があります。人間でいえば、自分に自信をもち、単独で、自分の思った通りに行動するタイプです。当人が「これがよい方法だ」と決める前に、人間のルールを伝えましょう。それができれば、何かのときには、このうえなく頼れるわんこに。

イズモ

愛らしく、忠実です。人が沈んでいると、おどけたりして楽しませてくれます。その分、自分の淋しさなどはガマンして、わがままをいいません。人間の赤ちゃん、いうことをきかない年下の後住犬などの前では、欲求を抑えてしまいます。そのようなときは、ひとり遊びを存分に。いっしょにも遊んであげて。

インディ

活発で好奇心旺盛。冒険が大好きです。いつも新しい興味を探し、探検し、果敢に挑戦します。好き勝手に楽しむ時間／人間とともにルールにそって行動する時間、その2つが当人の中でけじめがつくととても楽しいパートナーに。基本はマイペース。他の動物家族のことはあまり気にせず、自然に接します。

クラマ

ひとりでいる自由を愛するわんこ。周囲とつるむことは嫌い。仲間とはマナーよく、適度な距離をもって付き合い、マナー違反の仲間は無視。ゲームなどすると、リーダーとなりみんなをまとめますが、終わるとまたひとりに。あまりにカッコいいので、女性の人間家族はメロメロになっての甘やかしに注意。

全員が美人に写る集合写真を撮るなんて、たいへんなのよ！
あなた、横向かないで。押さないでよ

サハラ

しっかりしていて、勇敢です。自立していて物おじせず、やや無謀なところもあります。ひとりで自由に行動してケガなどしないように注意。「呼んだら目を合わすこと／そして帰ってくること／その行動を止めること」はきちんと教えましょう。さらに、散歩で引っ張らず、人間に合わせて歩くことも大切。

シガ

強くがんばり屋で、何が自分に必要かわかっているかのよう。人間が教えたことがうまくできないと、できるまでがんばり、きちんと自分のものにします。学んだものを後輩に教えるのも上手。無口できびしくやさしい、よき先生わんことなれそうです。母であれば、子供をしっかり守り、厳格に教育します。

シャスタ

スマートで個性的です。何か自分だけの変わった趣味があるかも。それをしているときは、とても楽しい充実の時間です。散歩や運動量の多い遊びが大好き。存分な運動量を与え、散歩は心待ちにしているので、毎日欠かさずに。アウトドア派で、畜産業の家のわんこなら牛小屋に暮らしたいというタイプ。

シェラ

自立していてやさしさがあります。人が笑顔で生活を楽しむ姿を目を細めて見上げ、人にそっと寄り添います。何かの際には忍耐強く、犠牲心も発揮。どれだけ強くやさしいわんこか人間家族はよく理解を。ストレスが溜まらないよう、大好きなことをする時間や、ともに真剣に遊ぶ時間を意識的に作り、大切に。

シナノ

しっかりしていて遠巻きにみんなに目を配り、上手にまとめます。人間の子供にも気を配り、危険から守っています。猟同伴など難しい仕事を与えられるとさらに能力が磨かれます。猟ではなくても、家族の一員として仕事をもつと喜びます。森や林を走るのが大好き。森や林に行けなくても、運動量は存分に。

シラネ

しっかりして、賢く鋭敏。自分のやることとそうでないことを知っています。仕事のときはきちんとやり、充実感をもちますが、それ以外には無関心で、寝ています。運動も大好き。言葉をすぐに覚えるので、わんこの前で話すときは要注意。ウソはNG。一度ウソをつかれると、その人を信じなくなります。

アニマル　コミュニケーション　２

動物家族は、人間家族への不満を訴える？

「うちのコ、不満だらけだと思うな。不満をきいても改善できないから」といって、＜アニマル　コミュニケーション＞を受けることを躊躇される方があります。

でもその心配は不要です。動物家族は人間家族が何ができないかよく知っていて、絶対、不満はいわないのです。

＜アニマル　コミュニケーション＞をする前に「何をいってもいいからね」と伝えておいていただき、当日、「何かない？　なんでもいっていいよ」というと、やっと最後に、かわいいお願いをひとつ、という程度です。

親からＤＶを受けている子供さんは、何があっても、親の悪口をいわない、「ぼくが悪いんだから」と親をかばうと聞きます。

それと同じで、動物家族にとって、人間家族がすべてです。誰が自分たちの世話をしているか、人間家族あってこその自分たちであることをよく知っています。

ですから、不満はいわないのです。ガマンをし過ぎて、ストレスをためてしまうこともあるので、そちらのほうが注意が必要です。

テンリュウ

強く、いかにもリーダーというタイプです。ワンマンなところもあるので、幼いときの教育が大切。力が強い者をリーダーと感じるところがあるので、人間のお父さんのリーダーシップが重要。幼い子供には「やさしく世話を」など教え、きちんと覚えると、純粋で不器用でもあるので確実に忠実に守ります。

チクマ

賢くマイペースですが、何か難事となるとよく気が回り、率先して働きます。ふだんは人間の思う通りにならないわんこですが、いざとなると頼りになり、その行いに感動し、感謝することも。ひとりで好きなことをしていたいタイプ。愛嬌を求めず、自由な心を大切にして、運動をたっぷりさせてあげて。

セト

淡々とした雰囲気のしっかり者。ふだんは感情のアップダウンもなく、クールです。しかし何かあると、勇猛果敢に行動。熱い思いを秘めている大人のわんこです。幼いときは無邪気に遊びます。そのとき、遊びながらルールを教えてくれる優秀な大人わんこがいるとそれをきちんと継承し、後輩に伝えます。

トマム

愛らしく純粋な面とガンコで譲らない面の両方あり。扱いづらさもあれば、フレンドリーでフランクなところも。その日による機嫌もあります。ひとりでいたいようなら、手を出さずに。どうしてもいうことをきかないときは理由あり。原因究明を。人がいつもと違うことを強いると不機嫌になり、動きません。

チロル ♥

ある程度の年齢になると大人っぽくなり、よき母や世話役に。出産を重ねると子育てやパピーの社会化が上手になり、他の赤ちゃんやパピーの面倒もよく見ます。ガンコで譲らない面がありますが、人間の考えより当人の考えのほうが合っているということも。他の動物家族が来ても、よほどでなければほぼ心配なし。

ソウヤ

一貫性のある強いガンコ者です。猟などワークドッグに向き、その一徹さや責任感、仕事の鮮やかさは見ていてほれぼれするほど。その反面、小さな失敗をして恥ずかしそうに隠れたり、小さいわんこに吠えられて引っ込んだり、純真なやさしい姿に癒されます。小さいときにたっぷりの愛情を注ぎ、養育を。

いや、だからオレ
フリスビー派なの
ボール派じゃないの

マイツル

賢く知恵があり、高い自立性があります。兄姉的に年下の家族をそっと見守っています。彼らの短所や苦手なことなどを熟知していて、行動をよく観察。できないときはフォローし、できるように導きます。手のかからないわんこなので人間は本音がわからず、やや淋しさも。夜は感謝を込めてやさしくタッチ。

フジ

みんなを見守る「富士山」ではなく、とてもマイペース。気になることをしていくので、学習などもはまれば成績優秀ですが、当人は上達や達成やホメられることへの喜びはナシ。問題や疑問が解決できればよいのです。気乗りすればあれこれ行動し、頼れる先輩ともなりますが、乗らなければ寝ているタイプ。

ヌプリ

マイペースで自立を望みます。判断力もあり、ガンコさもあり、何でも自分でしようとします。仲間や動物家族のことはあまり意識せず、邪魔されるのを嫌います。母わんこが子育て上手か、動物家族の多い家でもまれて育つと集団生活上手に。人間は威厳をもち、尊重して育てると、素晴らしい関係に。

マヤ

賢く控え目です。遊びやおしゃべりの輪には入らず外にいて、知らんぷり。でも話の内容やみんなの気持ちなどちゃんと理解し、把握しています。あまり表情を変えないので、感情がわかりづらいかも。ひとりで悩みを背負い、それを気付かれないようにしていることも。寝る前のハンドタッチでねぎらいを。

ホタカ

カッコよく気位も高く、女子であっても若きプリンスかナイトのよう。仲間を引き連れて歩くようなリーダーシップもあります。学習して自分の世界が広がり、思考力や判断力が増すのが好きなので、学習を。そしてその対極にあるような楽しい遊びをいっしょに。その振れ幅が当人の豊かな世界を築きます。

ビーチ

無心に遊ぶことが大好きです。遊び続けるうちに野性が目覚め、制止してもいうことをきかないなどということも。力のある大きくなるタイプなら、幼少時の養育をしっかり。立派な大人になると、赤ちゃんにはソフトに触るなど、弱者にやさしく、人間の手伝いをしてくれます。セラピードッグなどいけそう。

ママがアーチストなのでボクもコラージュされちゃいました

リオ

勇気ある王子王女であろうとがんばるタイプ。プライドもあります。でもがんばり切れずに、怖がりの面、すぐやる気を失う面、くたびれてしまう面などが出てきて、人間のお母さんに甘えてしまいます。人間家族が、甘えさせること、ホメて勇気付けることを使い分けることで、強き勇者に成長するでしょう。

モナコ

かわいく、ちゃっかりしたところがあり、頭の回転が早くクールです。「あなたしか見ていない」といったファンサービスのようなことをする能力もあるので、家族とはいえ、恋をしたり、大ファンになってしまったり。ルールなど教えるときは、恋する気持ちはグッと抑えて。そうしないと手綱を取られます。

ミサキ

きれい好きで、こだわりあり。何でも自分でできますが、頭がよく甘え上手なので、自分はやらず、誰かにやらせようとすることも。マイペースでイヤなものには「フン!」という態度で近付きません。自分のペースを守ることで、自分らしさを保っているかのよう。何でも引き受けてしまう人は見習う点多し。

ルルド

マイペースですが、仲間のことはよく見ていて、遅れている仲間を待っていたり、何かができない仲間にできるように教えたり。仲間ができるようになると、また自分の世界に戻ります。人間の子供にも同じように気づかいます。当人は冒険心があり、探検が大好き。新しいものには興味津々で探検を開始します。

ヤマト

堂々とした立派なコ。リーダーとしての素養もあり。人間は優秀なわんこの養育係として折り目正しく接すると、相手もしっかり返してくれます。和犬的に家族や家長にしかなじまない面があるなら、早くから友だちをたくさん作り、どの人やわんことも親しめるように援助すると、よい先輩、先生わんこに。

ムサシ

強く、がんばり屋です。一生けんめい、人間のお父さんのいうことや先輩わんこのいうことをきいたり。立派なわんこになろうという気概あり。その分、人間のほうにもそれを受け止める心構えが必要です。あいまいさをなくし、けじめを明白に。二枚舌やウソ、ルールを守らない人は信頼しなくなります。

アニマル　コミュニケーション　3-1

<アニマル　コミュニケーション>には守秘義務がある①

動物たちは、私に不満をいうことはしませんが、タッチなどを受けていてリラックスすると、人間と同じで、ついグチのようなものをこぼしてしまうことがあります。また、動物たちが思い浮かべた映像を私が拾ってしまうこともあります。

ついグチッてしまったわんこは、バツの悪そうな顔をして、「絶対いわないでね」と訴えてきます。あるわんこは、私がその約束を守ると、次に会ったとき、部屋の奥からしっぽを振って（ニコニコと）あいさつしてくれました。

人なつこいコではないので、家の方が「あら、しっぽ振らないコなのに、どうしたのかしら？」と首をかしげていました。

人気の名前 §9

いつでも笑顔になれる 大好きな食べ物

食べ物の名前は大人気。
愛情あふれる
おばあちゃんの手作りだんご、
外国で食べた思い出の食べ物。
幼い頃からなれしたしんだ固有名詞、
大好きな定番メニューや
おしゃれなスイーツ。
食べ物名はなぜか、愛らしいコが
いっぱいいです。

アズキ ♥

マイウェイでマイペース。仲間がひとつの遊びに興じていても、ひとり、みんなと違うことをしていたり。その分、シットは少なめです。好きなものと興味ないものの差が明確で、大好きなものには熱中。好きなことのトレーニングはがんばりますが、達成欲は少ないよう。わが人生を大事に生きるタイプです。

イクラ

人や仲間のあとを着いて歩き、マネするようなかわいいコです。それでも自分の取り分などには敏感で、強く主張します。おかしをあげるときなど公平に。でも、上手にできたコだけが受け取れていることなども理解してもらいましょう。突然、成長心が目覚め、一気に学ぶ力が増してぐんぐん成長することが。

アンコ ♥

わりあいマイペース。よい意味で自分勝手にひとりで好きなことをしているので、世話なしともいえます。ときどき何かに欲が出てガンコにおねだり。大好きなものなら「人のモノも自分のモノ」です。やってよいこと悪いことなどの境界や社会のルールをしっかり教育。寝る前のハンドタッチで安心します。

ウォッカ

聡明で目ざといコです。周囲をよく見て把握していますが、あえて手を出さないようなところがあります。どうしても自分の介入が必要と思ったときだけ、最終手段的に手を出します。眼を見ると、人間も見透かされているような気がするでしょう。人間はルールを守り、散歩などわんこの習慣を大切かつ確実に。

ウニ

ユニークな存在。つねに自分らしく、気が向いたらやり、向かなかったら見向きもせず。にゃんこや他の新しい動物家族が来ても達観したかのようにマイペースを通し、気にしないという面も。達成感やホメられることにも興味がないので、教育やトレーニング向きではないかも。ねこ的性格ともいえます。

オカキ

元気でよく遊ぶかわいいコです。その実、かなり敏感で目ざとく、周囲の空気や人間の心を感じています。場をよい感じにしようと、小さな心を砕いて走り回っていることも。人間がそれに気付かずにいると、ストレスでまいってしまいます。おなかをこわしておとなしいのはストレスかも。寒さにも注意を。

オコシ

天然の愛嬌があり、みんなを笑わせてくれます。それをあまりに期待すると、役割として人を楽しませようとします。するとストレスとなりかねないので注意を。笑わせてくれるといっても、繊細な感受性があるので、失敗などは笑わず、大切に扱って。夜は甘えさせ、リラックスさせ、ハンドタッチを。

オハギ

天真爛漫なかわいいコですが、繊細な心ももっています。小さなことであれ、気になることがあると心身に響き、落ち込むことも。人間の不穏な空気も吸い取って具合を悪くしてしまいます。友だちが元気のもとになることもあるようです。仲良しの友だちを作って、よくいっしょに遊ばせてあげましょう。

オモチ

かわいく無邪気で遊びが大好き。友だちと転げ回って遊ぶことも大好きです。大きくなると、仲間に入れないコを輪に引き入れ、マナー違反のコをいさめて、マナーを教え直すような存在に。驚くような知能を秘めていて、人間の円満のために知能犯として暗躍することも。おなかを大事に、食べ過ぎに注意を。

オレオ

愛嬌たっぷり、遊び大好き。人見知りせず、お友だち作りが上手で、引きこもりのコを仲間に入れてあげることもできます。おとぼけで、人間が深刻なときにプッと笑ってしまうようなダンスをしたり。実際はかなり人の気持ちを感じていて、お笑い係を自認。やさしいコなので寝る前にやさしいハンドタッチを。

カール

いつも元気に遊んでいます。何か大好きなことを見つけたり尊敬できる先輩に出会うと、見違えるように学習熱心になり、上達に励むようになることも。そんな先輩がいないなら、人間が遊びに集中する楽しさを教えてあげて。動物家族がいるほうが○。ひとりのまま野放図にすると不遜なタイプになることも。

キナコ

ひょうきんで、ドジでマイペース。物事にこだわらず他を気にせず、純粋で明るく愉快。大いなる癒し屋さんです。とはいえ神経の細い面もあり、自分なりに一生けんめい人間を癒している面もあります。いつでも、繊細にていねいにやさしく接してあげましょう。ごほうび、ホメ言葉、夜のハンドタッチが大好き。

キムチ

明るく元気。遊びや冒険が大好き。勝ち負けなど関係なく、転げ回ってそのときを楽しみます。ちょっとすっとんきょうで、しかられても理由を理解しないマイペース。気が強く仕切る面、鋭い感性もあります。人間家族が神経質だとピリピリしたコに育ち、分析が得意な学者やこうるさい先生タイプとなるかも。

キャラメル

敏感でよく遊びます。賢く、気を抜いていると人間はしてやられます。かわいいウソには、乗ったりはぐらかしたり上手に対応を。怖がりの面と強気の両面あり。友だちをもち、どんな仲間にもあいさつできるよう練習を。いいつけをゲーム的にクリアしてホメられるのが好き。よいコミュニケーションになります。

グミ

愛らしく、やや臆病なので慎重です。はじめてのことに出会うと穴の中から覗いていて、これならOKと思うと穴から出てきたり。人間の大きなアクションや大声などにびっくりするので配慮を。家のドアを開けた瞬間や車の窓なども危険要素。家にはわんこ用ドアを付け、車内ではクレートがベストです。

ココア

純真なかわいいコですが、ややマイペース。好きなこと以外興味をもたないガンコさや徹底した面もあります。仲間とは適度に遊び、あきたら離れます。あまり周囲に気をつかわないのは、ストレスを溜めず、よい傾向。先住犬となってもさして問題もなさそう。好きな遊びに熱中しているときは、止めないこと。

キャンディー

愛され方を知っているかのよう。華やかさがあり、いつもかいわくふるまい、演技上手な俳優のような要素も。つい甘えさせ過ぎないように注意。愛情を独占して育ったひとりっコの場合、後住犬は当人に面接させるなど配慮を。年上の保護犬、当人が気に入れば、親代わりとなって育てるパピーもよいかも。

クリーム

カンがよく大人っぽく、行動的です。どうなればベストか自分で考え、人の先回りして動くようなところがあります。社会化がうまくいかないと、つねにひとりでいて、他となじまぬ冷たさをもつことも。成功すれば人間の素晴らしいパートナーに。群れを率いるシープドッグのリーダー的な素質があります。

ゴマ

元気で活発、冒険心旺盛で、ひとりでどこにでも行ってしまいます。静かだと思うと、押し入れの中をごそごそしていたり。家の中の隅々まで掃除し、危険なものを除去し、安全確保を。散歩中におしゃべりしているときなども、道端の危険に注意。食べることが大好きなコは肥満に注意。食事は定時だけに。

クッキー

愛らしく愛嬌もたっぷり。純粋でちょっと怖がりです。一度に覚えさせようとしたり強要はNG。必要なことは自分ペースでゆっくり学んでもらい、苦手なことは避けてあげましょう。他の動物家族が強いと、押されて小さくなりがち。その場合はほぼ毎日、当人のお気に入りのことができる時間を作ってあげて。

コーラ

自主性があり、あれこれひとりででき、最低のルールを学んだあとは、自分で学習していくようなタイプです。あまり感情は見せませんが、ときに感情の深みを感じさせるようなことが。人間の考えや気持ちをお見通しなのではないかと思わせます。動物家族とは上手に付き合え、ときに応じてルールを教えます。

コロン

名前の通り、かわいらしく愛嬌があり、愉快な動作が人を楽しませます。おいしいものやおもちゃが大好き。下のコ気質といえます。先住犬がわがままだといじめられてしまうこともあるので、配慮を。しかし当人は、何があっても天心爛漫。ネガティブなことが起きていても、あまり気にしていないようです。

サラダ

基本的に元気ですが、やや神経質。気持ちにアップダウンがあり、ノリのよいときと悪いときがあり、好き嫌いもありそうです。あまりノリが悪いときは気持ちを尊重し、その分、ノリがよいときに学習や運動やトリミングを。嫌いなものの強制はNGです。おかしなどでは釣れません。気難しさを理解して。

ショコラ

人見知りしたり怖がったりの幼くかわいい面、マイペースで自主的に行動する両面が。お姫様扱いやおしゃれ、ホメられるのが大好き。その愛らしさに人間が参り、ズルいウソをついても甘やかすと、それを見抜いて、ツンデレや抜け目ない行動も。ヤキモチもやくので、先住犬となったらややエコひいきで。

ソルト

しっかりしていて、ちゃっかりしていて、陽気で活動的。笑いを振りまいてくれるタイプです。少々コズルイ行動も笑いを誘います。コズルサに拍手するのはNGですが、おどけたポーズなどは歓迎を。おもしろポーズやダンスの名手となり、なごみの存在に。おなかが弱いか、何でも口にするかも。配慮を。

シナモン

大人っぽくプライドが高く、気取っています。行動派で自主性があり、自分で決め、決めた通りにやりたがるタフな女王です。年下の後住犬ができたときはきびしい指導者に。デキがよい生徒が好きです。「このコは何でもできるから」と放任すると、人思いの心を隠しているので、ストレスがいっぱいに。配慮を。

シュガー

甘え上手の甘えん坊で愛らしいコです。なかなか計算高く、物事を見る目もあり、苦手なコには近付かないなど、身を守るための調整もできます。そこを信頼して当人任せにすると振り回されます。決まった習慣や時間割を大切にする生活を。お風呂など嫌いなことがあるかも。何事も幼いときからなれさせて。

DNAにあることを喜ぶ

＜アニマル　コミュニケーション＞をはじめて間もない頃です。あるわんこは眠っているとき、走るような動作をしていました。

＜アニマル　コミュニケーション＞すると、夢の中で丘を駆けていました。

家族に「いつも野山を走っているの？」ときくと、「NO」。「ブリーダーさんは山に在住？」「NO」。だんだんわかってきたのですが、わんこのDNAに、犬種誕生時の環境が本能とともに入っているのです。

夢で走っていたわんこは羊を追うボーダーコリー。誕生の地はまさに、丘の土地なのです。

さらにわかってきたのは、わんこは「DNAに入っていることをすると、喜ぶ」ということです。

猟犬なら、野山を歩く、山を登る。泳ぐ、追う、見つける、拾ってくる。小動物を採って食べる犬種もいます。DNAはすなわち、本能です。これをしないと生きている意味がなくなり、ハツラツとしなくなってしまうのです。ミックスも同様です。

狩猟はできなくても、山登りはできます。場所を見つければ、穴も掘らせてあげることができます。ものを回収することは、日頃の家の仕事でできます。わんこのハツラツ感や元気を保つために、ぜひ、本能的に好きなことをやらせてあげましょう。

ダイフク

のんきでおおらかで陽気。細かいことを気にしない大胆なタイプ。何も考えずガツガツごはんを食べたり、自分のおもちゃを断固として友だちから取り返そうと熱中する姿などに癒されます。ときどきささいなことがストレスに。食欲などが減ったら原因を見つけて。マイペースなので、他がそれを理解し、関係はまずます。

チーズ

愛らしく甘え上手で、ちょっとずる賢さもあります。無心に遊ぶ姿は見ていてあきませんが、大好きなおもちゃは仲間に渡さないなど、ガンコで意地っ張りなところも。ルールなどを間違えて覚えると、あとから直すのがたいへんなので最初が肝心。気を抜くと怠けがちに。完全に覚えるまできちっと教えて。

チャナ

しっかり者でちゃっかりしています。社会化が完璧だと、体が小さくとも、行儀の悪い大きなわんこを叱りつけます。恐れられ、一目置かれる存在に。よき母わんことしての能力もあり、家にやってきたパピーのしつけもかって出そうです。「人に任せられない、自分でやるのだ」というところがあるようです。

タルト

甘えん坊の愛らしいコ。怖がりなのに好奇心や冒険心もあり、怖いものを覗きに行って、挑戦する様子がほほえましく見えます。人間家族の目がいつも自分を見ていることを喜び、他の動物家族をかわいがると、ややジェラシー。「かわいいコ」などといいながらやさしくタッチすると、ほっと安心します。

チャイ

賢く、家の中の物事を率先してやるような面があり、働き者です。ひとり遊びも仲間との遊びも上手ですが、「仕事だ！」と思うとそちらに飛んで行ってそつなくこなし、再び遊びに戻ります。人や仲間との距離をうまく取り、ブレないので、デキのよさが人にはやや寂しいかも。自分の世界を生きているかのよう。

チャム

愛らしく、よく遊ぶコです。人や仲間のことなどおかまいなしで遊んでばかり、と見えますが、遊んでいるときも意識は周囲を感じています。自分が熱心に遊んでいることで、人間がなごんでいることを〝何より〟と感じていて、食べ物などはあんがい年下などに譲っています。本意をしっかり見てあげて。

チョコ

愛らしくおちゃめ。ちょっと自分中心で甘え上手。周囲の気持ちを鋭く見抜き、賢く計算高い面も。ホメられることやおしゃれが大好き。人がホメ上手だと学習意欲アップ。達成が大好きになります。自分がいちばんという気持ちや独占欲が強い場合は、動物家族との愛情のバランスに配慮を。ややエコひいき気味が◎。

ドルチェ

人の目を見て、「特別な目的を達成したいのです」というように、スイートな表情をします。それを見ると、無理なお願いもなんとかきく方法はないものかと考えてしまいます。かなりのしっかり者で、陰から仲間や家族をまとめています。お願いも我欲を満たすものではなく、みんなのために働く社会派です。

ナン

やさしいけれど芯は強く、見守る兄姉的なタイプです。ふだんは穏やかですが、何か譲りたくないことがあると、絶対動きません。その場合は、だいたいこのわんこの理屈のほうが合っています。ガマン強く、こらえるので、留守番が多いときなど、動物家族と本当に仲よくできているかなど、気を配って。

トフィ、トフィー

賢く調子がよく、悪知恵も働きます。仲間を出し抜いたり、イタズラを誰かのせいにしたり。とはいえ、物事の先を読んで真先に飛んで行くような機敏さがあるので、仲間もそれになって付いて行き、自然と仲間の教育となっていたり。上達や達成好きなので、ホメればどんどん家族の手伝いをしてくれるでしょう。

トロ

おっとり、のんびりしていて、居眠りも大好き。しかし大好きなものが接近すると我先に飛んで行き、人間の笑いを誘います。物事の優先順位はつねに一定で、何も考えず、他への遠慮もなく、目標まっしぐら。人間はその雰囲気に癒されつつも教わるものがあります。いつまでも幼さをもつ愛らしいコです。

パスタ

愛らしく、おとぼけのかわいいコです。何もかまわず無心に遊んでいることもあれば、人に気付かれないようにおとぼけの道化をして、周囲の雰囲気を和らげていることもあります。どちらかといえば、何も考えずに遊んでいることがベストで、道化役は疲れます。気づかいなく遊べる環境をもたせてあげて。

トマト

素直でかわいいコです。ときおり自己主張しますが、その場かぎりで長くは続きません。こだわりもあまり強くないので、他の動物家族や出会った仲間との関係はおおむね良好です。大好きな食べ物、大好きな毛布やおもちゃなど、他に取られても取り返せないこともあるので、確保しておいてあげましょう。

ナッツ

愛らしいコです。ときに何かに反応して機嫌を悪くするとテコでも動きません。よく観察しないと、何に反応したかわかりません。一度イヤな思いをすると、二度とそこに行かないということも。繊細さを秘めることを忘れずに、最初の体験はインパクトを小さくする工夫を。イヤな仲間は上手に避けています。

ビッツ

かわいく元気、楽しいことが大好きで活発です。敏感なので、何かの際に興奮したり、間違えて覚えてしまったり。まずは落ち着くことを学習し、そのうえでひとつひとつ理解させていきましょう。そうすれば、不要な興奮や間違えて覚えた恐怖の記憶などもなくなり、当人も生きることがラクになるでしょう。

プリン

おっとりしていてマイペースに時間を楽しみます。家族はのんびり感に癒されます。激しさ、強要、たいへんな学習は苦手。人の感情に敏感で、家族の心の影響を受け、家族の心を優先させます。強くしかられると落ち込むので、冷静&静かな話し方で。純真で、不安があるとイライラと落ち着かなくなるコも。

マッチャ

自分の好きなものがあり、自主性もあり、「自分はこれをしていれば満足」というわきまえたところがあります。大人っぽく、聞き分けもよく、いろいろなことになじんでくれ、妥協率はかなり高いほうです。どうしてもなじめないことがあったとき、それが絶対必要でないなら、無理強いはしないように。

ミルキー

優雅な愛らしいコですが、なかなか賢く、人間たちや動物家族の気持ちを読み、場を丸くまとめています。それが人間には見えません。妙なときに鳴いたりするのは、場の緊張を崩しているのかも。「天然のおとぼけ」に見えるかもしれませんが、そこに実は計算が。神経を使うので、おなかを大切に。耳まわりにやさしいタッチを。

ポッキー

無邪気によく遊ぶかわいいコです。仲間と遊ぶのも上手で大好き。何かができない仲間には教えてあげるようなところもあります。そのかわいさの裏で、表情にも出さず、人間たちの問題を感じてストレスを抱えていることも。「のんきに遊んでばかり」ではないわんこと認識し、夜は感謝のハンドタッチを。

マドレーヌ

ちょっと気取ったかわいいコです。何でも自分でできる女王のような堂々とした雰囲気がありますが、あんがいその反対。けっこう弱気な面があります。それは当人にとってあまり知られたくないことなので、周囲には伝えないように。毅然としてがんばっている姿を見て、「ステキね」とホメてあげましょう。

ミルク

純粋で遊び好きな愛らしい性格。物事を深く考えたり、人の気持ちを察して優先させるのは得意ではなく、今を精一杯楽しみます。そのため他の仲間に出し抜かれたりすることもありますが、当人はあまり理解せず、マイペースに人生を楽しみます。どちらかといえば損をしやすいので、人間のフォローが大事。

マカロン

おしゃれでおすまし。イヤなことには手を汚さない王子／姫タイプです。素直でかわいい面もあり、失敗に落ち込んだり。NOというところと甘えさせるところを人間が間違えてしまうと、人を操る「甘えテク」を覚えるので、甘やかしたい心をぐっとガマン。毅然とした王／女王となるよう、しっかり養育。

マフィン

愛らしいコですが、あんがいマイペースに見えます。他の仲間のことはあまり気にかけず、自分のやるべきことに集中していたり。実は、他の影響を受けて動揺したり左右されたくないので、わざと集中しているところもあります。病院などは神経質になりがち。不安を感じさせないよう、できるだけの配慮を。

ミロ

おしゃれでしっかり者です。周囲のことをよく見ていて、みんなをよい方向にリードしたり。影ボスという感じで、表立ったリーダーとはならないようです。動物家族が大勢いる家では、動物家族の要の役をしてくれ、人はとても助けられます。それを「わかっているよ」と伝えるために多少のエコひいきを。

モカ

おしゃれで自立心があります。自分の好きなように過ごしていたいタイプ。動物家族や友だちには好き嫌いがあり、好きなコとだけ仲良くして、他とはあまり接触しないかも。それは無用な衝突を避ける知恵。あまり無理強いするとムクれます。当人の意志や自由を尊重し、お姫さまのように扱うとゴキゲン。

モモ

愛らしい甘えん坊。ちょっと自分本位ですが強くはなく、怖がりで、不安を強く感じます。家族が悲しんでいるとすり寄って癒してくれます。カンがよく、人の心を見抜いて愛されるように行動する面があるので、人はウソをつけません。激しいことや変化は苦手。ナイーブな7歳の少女のように接してあげて。

ラムネ

大人になっても無邪気なところが残るかわいいコです。人間家族の手伝いをするのが楽しくて、買い物袋をもち、人間を守り、街を誇らしげに歩きそうです。母わんこになったり、年下や後住犬がくると、養育や守護の才能をぐんぐん発揮。セラピードッグやお年寄りのそばにいるような仕事もできそうです。

モナカ

みんなのあとから付いて行って無邪気に遊んでいるようなかわいいコです。年上の先住犬がいたり、人間家族が甘えさせ過ぎると、いつまでも年下気質が抜けず、誰かに任せるばかりで自主性ができません。反抗期などをうまく利用して、自信をつけてあげましょう。すると、幼き勇者のようになれるかも。

ラテ

おすましで優雅。家族や知人、街で出会った人からホメられるといい気分です。兄姉の雰囲気ですが、年下や後住犬の世話はあまり好みません。それなのに人間や動物家族が病気になったり落ち込んでいたりすると、横に寄り添ってくれるなど気づかい上手で、人間家族はホロリ。決めどころを知っています。

リッツ

自主性と行動力があり、一度覚えたことは忘れず、人の先回りをするような賢いコです。周囲の社会化できていない仲間の教育もするなど、あちこちに気が回ります。そのように気をつかっているので、疲れもあります。夜は「大好き」の言葉とともにハンドタッチでリラックスしてから眠らせてあげましょう。

アニマル　コミュニケーション　3-2

<アニマル　コミュニケーション>には守秘義務がある②

<アニマル　コミュニケーション>をはじめた頃、私が拾ってしまった映像が問題行動の理由だとわかり、わんこから離れた見えないところで、それを人間のママに告げました。わんこのところに戻ると、彼は食べたものを吐いていました。ママは「吐いたことないのに」と不思議がっていましたが、これは私がいけなかったのです。バレてはいけない彼の悪事が、私によって、バレてしまったのです！

動物家族の話は、人間家族に伝えてはいけないことがあるのです。<アニマル　コミュニケーション>には守秘義務があり、厳守しないといけないのです。

人気の名前 §10

なじみ深く、風格のある和の名前

しっとり落ち着いた名前、
やさしい名前、
バシッと芯の通った名前、
大和撫子のおもてなし？
威厳や強さのある武道の達人？
ひらがなか漢字か、
どっちが似合うか考えるのも
楽しいですね。

イッキ

賢く、しっかりしています。自主性が強く、何でも自分でやろうとするところがあります。ちょっと行き過ぎという場合、幼い時期なら、尊敬できるよき先輩わんこがいるとマネをします。そして成長後はよき先輩わんことなり、後住犬やドッグランで出会った仲間を熱心に指導。運動量が少ないとストレスに。

イロハ

不要なところは手抜きする合理的な面と古風な日本人のような気質と両方あり。嫌いなことはうまくすり抜け、ほしいものを得るためにちゃんということをきいたり。どんなにかわいい顔を向けられても、主導権を与えるのはNG。その頭脳に振り回されたらアウト。未熟だと、不要にリーダーを取りたがるかも。

イッポ

名前の通り、一歩一歩確実に、確認しながら進むタイプです。自分で考え、納得すると、それをひとつひとつ、自分のものとしていきます。考え込んでいるように見えるとき、せかしたりせず、「じっくり型」と理解して、その速度の尊重を。よき仲間との交流を楽しみます。仲間をたくさん作ってあげて。

ウキヨウ

賢く、人間のふるまいをよく見ていて、先回り。ズル賢く動くこともあります。頭脳を使って自分の得になるような行動をしないように養育を。人間があまりにきびしかったり、不本意なことを強いると、勤勉でマジメで努力するだけに、ストレスです。思い切り走るなど、存分に好きなことをする時間が大事。

カズ

自主性があります。できるだけ早くに、よき先輩わんこに出会わせてあげましょう。それにより、体育会系的な規律をもつコとなるでしょう。訓練好きという面もあるので、当人が興味を示せば、ショーの練習など励みになり、大きく成長させるもとに。成長後はよき先輩となり、後輩を教える可能性もあり。

ケイ

頭の回転がよく、幼いときから賢さを見せます。自分の好きなものばかりに偏る傾向があるので、早くからいろいろ見せて、受け入れられるものの範囲を広げてあげて。イヤなことをさせると、それをさせた人のことを嫌いになりがち。動物家族にも好き嫌いを感じ、苦手な相手には大きく距離を取ります。

コウ、コー

従順で、賢く、仲間の面倒を見るようなタイプです。内にガンコさを秘め、自分が考える正義など絶対譲らないことがあり、ズルいふるまいは許しません。乱暴者やルール違反者が無謀なふるまいをしないか見ていて、仲間の安全を守ります。心は純粋で素直ですから、人間がウソをつくととても悲しみます。

クマ

名の通り、クマのようなもっそりしたところと豪気なところがあります。ふだんは細かなことは気にかけることなくマイペースです。何かあるとびっくりするような大胆な行動に出ることも。内心は家族思い。家族ばかりか仲良くなった仲間もとても大切にしています。多少ものを壊したり、やんちゃな面は大目に。

ケン

みんなを守ろう、リーダーになろうとするコです。きびしくやさしい人間のお父さんによくなつき、いうことを聞きます。お父さんから指導してもらおうと思っているのです。人間家族に少々納得いかないところや不具合が見えると、混乱したり自分が仕切ろうとしたり。人間家族の統制が取れていることが大事。

コウタ

マジメでいうことをよくききます。凝り性で、ひとつの遊びをひとりでずっと続けているのは、人間なら趣味のようなもの。心の落ち着く時間なので、心ゆくまでやらせてあげて。仲間との折り合いも良いほう。あまりこだわりはありませんが、食べ物はとても楽しみなので、他より少なくならないよう配慮。

みんなでおめかしして、お出かけなの

ゴロウマル

おっとりのんびり、物事に動じず、家族思いです。家内が不安定なときは銅像のようにどっしり構え、家族を安心させせます。幼いときから手間がかからず、いつのまにか大人に。他とケンカもせず、生来の仲介上手。ときどきドジで自爆している姿が笑いを誘います。鈍重なのか大物なのか謎の頼れるわんこ。

コユキ ♥

心やさしく純粋で無邪気です。ともすると、心のきれいさから人間の心を感じ過ぎて、自分を抑え、人を優先。人は「イイコね」と喜ぶばかりではなく、その心根を気付いてあげて。学習意欲や達成欲は少なめですが、人のために懸命に努力も。間違えると、ストレスから暴れん坊に。おてんばぐらいでベスト。

コースケ

元気で活発。仲間ともよく遊び、関係作りも上手です。自分だけよい思いをすると、ちょっとうれしくなります。食べることに敏感なので、ごほうびトリートを5段階ぐらい用意して変えることで、いろいろなことをよく覚えます。集団生活が得意なので、エコひいきは不要。雷などが怖いときはやさしく接して。

サキチ

大人っぽく、自主性があります。自分の好きなことを日々の仕事のようにしているのが好きです。たとえば漁師さんが船に乗せるなどすれば、自分も働いていると自覚し、自分の仕事を自分で見つけて人を手伝うでしょう。ただかわいがられるより、自分の仕事があり、人とともに仕事をすることが喜びに。

ゴロウ、ゴロー、ゴロ

がんばり屋さんです。家族や仲間を守ろうとして、しっかり者の強いわんこになろうと努めています。とはいえドジな面や抜けている面、すぐだまされてしまうような単純な面があり、頭隠してお尻隠さず的なところがかわいく、愛されます。いざというときは、本気で家族を守ろうと立ち向かうでしょう。

コタロウ、コタロー ♥

控え目に陰からリーダーシップを取り、みんなが安心し、安全にまとまっているように働きます。先住犬となるとあとからきた仲間をかわいがり、しつけます。しっかり者できちんとしているので、最初に決めたルールを長く変えずに守ってあげることが大切。ルールの変更時はそれをきちんと辛抱強く伝えて。

コテツ ♥

立派な和名ですが、あんがいおっちょこちょいの慌てん坊。学習も得意とはいえず、転んだりつまずいたりの愉快な動作に癒されます。〝人がよく〟人の男子という感じ。小学5年や子供にやさしく、セラピー犬として優秀なコも。執着するほど大好きなことがあれば、それだけは尊重してあげましょう。

サク

素直でストレート。心のままに行動する無邪気なコです。多少きかん坊でマイペース。周囲とときどきぶつかりますが、心を素直に出す姿に、人は「これでいいのだ」と癒され、学びます。他の動物家族もごく自然に仲間として認め、受け入れます。母わんこと長めにいたコなら、まず問題も起きないでしょう。

ジロウ、ジロー

気持ちが純粋な忠犬タイプです。用事がなければ、ひとりで好きなことをして遊んでいますが、気持ちはいつも人間家族、とくに人間のリーダーに向き、さらに子供など弱者に目を配っています。仲良しの動物家族や仲間を得て、存分に転げ回って遊ぶような時間や関係を大切に。食べ物や道端の探索に注意。

サナダマル

しっかりしていてキレ者です。判断力の早い俊敏さもじっくり考える慎重さもあります。幼いときから大勢の仲間とともに過ごすと、みんなをまとめる聡明なリーダーに。他と接せずに過ごすと、他となじまず、一匹狼的に。優秀な兄貴的わんこのもとで、大勢と過ごすと、優秀な能力が発揮されそうです。

スズ

やさしく愛らしいコですが、あんがいガンコでしぶとさもあります。自分のおもちゃなどは独占し、友だちに絶対譲らないかも。学習などでは、できるまで止めないとか、できないと落ち込むなどもありそうです。他の動物家族とは時間をかけてなじむので、あせらせないで。好みを尊重してあげましょう。

ソウタ

しっかりしていて、面倒見がよく、長男的です。まとめ役としての資質もあります。本当はひとりで、スポーツの練習などしていたいのですが、仲間の面倒を見ることは自分の仕事だと思っているかのよう。ゲームなどアスリート的な才能がありそうです。集中して練習できるよう、手伝ってあげると喜びます。

避けたい名前③

和犬に和の名前は？

和犬はやはり、ＤＮＡ的に猟犬、ワークドッグの要素が強いです。「気が強い、家族にしかなつかない、お父さんのいうことしかきかない、わんこ友だちをもたない、扱いづらい」という性質を残しているコもたくさんいます。

和犬だからこそ、和風のカッコいい名前を付けたいところですが、そうした名前には、それらの性質を助長するものが多くあります。「タロウ」あたりはまだよいのですが、アラシ、ヤマト、ハヤテ……などは、リーダーシップを求める気持ちが強い、競争心が強い、孤立、孤高……といった傾向が出てきます。しつけによっては素晴らしいリーダーわんことなるでしょうが、和犬の扱いづらさばかりが強調されてしまっては困ります。

青森県の人気秋田犬「わさお」君。本当は「レオ」というそうですが、なんとなく変わっているし、ユーモラスな感じもあり、人気になりました。

ダイゴ

強気で立ち向かい、ひとりで前に出て行くような勇気もあれば、子供のように甘え、遊び、ダラけていたり。状況によりいろいろ変化します。心根はシンプルで、おだてにも乗ります。人間がウソをつかず、真っ直ぐな愛を向ければ、どんどん家族としてなじみ、動物家族とも仲良く、周囲に仲間を増やします。

ダイスケ

しっかり者の兄貴タイプです。後輩や新人の指導がうまく、ルールを知らない幼い仲間には遊びながら教えてくれるでしょう。ただし、ルール違反はきびしくしかります。人間家族は運動量をしっかり確保し、好きな運動をたっぷりさせてあげて。自分のやりたいことが毎日こなせないと、ストレスを感じます。

タカ

単純だけど潔く高潔、人間家族を思うやさしい心をもっています。何もしていないようで、人間家族の心をよく感じています。ときとして人にわからないように自ら犠牲となっていることも。人はその心根を感じて、感謝の言葉とハンドタッチのねぎらいを。ウソは嫌い、人間のやさしい目と笑顔が大好きです。

タク

単純さと素直さがあり、楽しいこと、甘えること、遊ぶことが大好き。そのくせときどきガンコに意地を張るところが困った面でもあり、かわいさでもあり。他の動物家族のほうがおかしが多いなど、食べ物はよく見比べて、気にします。「よくできたときおかしが多い」などと覚えると習い事がぐっと上達。

カーミング・シグナル

私が、「わんこは集団生活や社会生活の先生だ」と感じる理由のひとつに、「"カーミング・シグナル"を使う」ということがあります。仲間の争いを避け、仲間を平穏に保つための（calm＝静める）「ボディランゲージ」のひとつです。

たとえば興奮しているわんこがいると、「キミ、ちょっと、興奮し過ぎているよ、ちょっと静まろうよ」と動作でシグナルを出すのです。唇をなめる動作もこのシグナルです。人間が唇をなめても、その意味のシグナルとして、わんこに伝わります。

散歩中にはじめて出合ったわんことは、目を合わさず、わざと距離をあけるラインを描いてすれ違います。これもカーミングのための一動作です。

カーミング・シグナルは、親や先輩わんこから学びますが、先天的にできるコもいます。

よく俳優さんのわんこがテレビに出演中、大アクビを何度もするので、周囲から「さすが大物ですね」などといわれていますが、これは自身の緊張をやわらげようとしている動作。他の仲間や場が過緊張のときもアクビをして、相手の気持ちや場をやわらげようとするのです。

こうしたことを理解すると、わんこの気持ちと近付き、わんこライフの楽しさ倍増です。

タケ

ひょうきんに見えますが、あんがいしっかりしていて、周囲を見ていないようでよく見ています。ときどき「ググッ」と小さな叱声を出して周囲の騒ぎを鎮圧し、まとめていることも。人間家族の前ではよく遊び、眠り、そのエラさや配慮ぶりが見えてこないかも。当人は天下泰平であればすべてよしです。

チナツ

しっかりしていて、きちんとしていて、世話好き。後輩や後住犬がうまくできずにいると教え、ルール違反すると叱って教えるでしょう。その一方で、ときどき人間家族に甘えます。愛情の補充が切れたとでもいうかのようです。人間の不安を感じ取るタイプなので、わんこに悩みに感じ取られないよう注意。

チハル

愛らしく、しっかりしている美人お姉さんタイプです。クールかと思えば突然甘えてきたり。人間はそのギャップに参ってしまいます。好き嫌いははっきりしていて、人間の無理なお願いは聞きません。無理強いすると、わざとイタズラしたり無視したりも。好きでない仲間や動物家族は適度に距離をあけます。

タロ ♥

素直で純粋。タロウより無邪気さや幼さがアップ。遊び好きで活発で、家族思いです。パピーのうちは何の不安もなく、友だち作りも上手でよく遊びますが、大人になるにつれ、家族の気持ちを読むようになります。人間の子供のよき友や弟となり、子守もします。人を守り、仲間のリーダーとなるコも。

タロウ、タロー ♥

人から客観的に世話され見守られ、溺愛もされずに育てられます。その結果、他との関係や距離の取り方も上手、依存もなくマイペースに。人はその独立感に少し寂しさを感じますが、その快適さは何より大事と理解します。伝統的な番犬や猟犬の名前だけに、忠実なワークドッグの記憶があるようです。

ひとり大きい人がいるから、
乗っちゃおう。
お外がよく見える！

ハルト

聡明で、リーダー意識もあり、仲間から信頼されるタイプ。幼いときから人間とたくさんいっしょに遊ぶことで、人間に添い、よき相棒、家族となってくれます。自分勝手な先住犬は怒らせずに上手に付き合い、何もわからない後住犬には教育をしてくれそう。好きなことを存分にする時間を大切にしてあげて。

ハヤテ ♥

鋭敏で責任感の強いコ。状況によってはリーダーシップを発揮するようになりますが、本来は一匹狼的な感覚です。運動好きで、ドッグランなどでは足りず、自然の中に行き、野性のカンを解き放して遊ばせる必要がありそう。団体ゲームなどは上手でリーダーに。賢く、訓練的なことに熱心で、上達します。

トワ

控え目で賢く、周囲のことをよく見ています。誰がどんな性格か、どういうときどう反応するかを熟知。「パパが怒りそうだ。あれをすればパパの気持ちがなごむ」などと先回りして、穏便に済ますことができるような大人のわんこです。散歩など大好きなことをする時間を大切に。ひとりの散歩が好きかも。

ヒナタ

穏やかでおっとり。人思いのやさしいコです。ときに何かにガンコに反応しますが、そのときは理由がわからなくても、わんこの反応にしたがったほうがたしかかもしれません。人間に赤ちゃんが生まれると遠慮をしてしまうような面も。不要に身を引かないように、ストレスをためないように、配慮を。

ハヤト

しっかり者です。一度覚えたことは忘れず、ワークドッグとしても信頼度抜群。教えていないのに、家に鍵をするなど、人間がうっかり忘れたことを教えてくれるようなわんこです。運動は大好きで不可欠。野山を走らせてあげて。そのときは野性が騒ぎ、競争心も旺盛に。仲間がいれば競争がはじまります。

ノリ

庶民派のかわいいコ。誰にも愛想を振りまくコもいれば、ちょっと人見知りしたり落ち込んだり怖がりのコもいるでしょう。ひとりっコとして大切に育てられると後者のタイプとなりがち。仲間がたくさんいる環境で賑やかに育つほうが合っています。するとごく自然に、年下や新人の面倒を見るでしょう。

新しい家族は先住犬に選ばせる

新しいわんこ家族がきたけれど、先住犬と折り合いが今ひとつ……というご相談を受けることがあります。どんなわんこにゃんことも仲良くなれるコもいますが、長くひとりっこだったり、仲良しだったわんこ家族をなくしたあとだったりすると、次のわんことなかなかなじめないこともあります。

先住犬がいて、新しいわんこ家族を迎えようというときは、可能であれば、先住犬に面接してもらい、気に入ったわんこを選んでもらうという手があります。この方法なら、のちに問題が起こる可能性もぐんと少なくなるでしょう。

ハナコ ♥

いつも明るく振る舞うやさしいコです。無邪気さ、強さと同時に、家族を守る責任感や子供やお年寄りをかばうナースリーな心があります。自分がスリ切れるまでガマンもするので、人間は全部を負わせ、つい頼ってしまわないように注意。寝る前には感謝の気持ちをこめて、安らぎのハンドタッチを習慣に。

ヒフミ

自立している賢いコです。周囲のことをよく見ていて、自分の行動を決めます。わがままはあまりいいませんが、後輩の世話もあまり好きではなく、ルール違反のときだけ軽く叱責します。わんこ家族といっしょばかりではなく、ひとりだけの散歩があると楽しみます。一定の運動や運動量の確保が健康のもと。

フウタ、フータ❤

賢く敏感ですが、逆にそれが過敏さにも。ふとしたことから元気がなくなったりストレスを感じたり。当人にとって意味不明なことで叱られたり、イヤなコがいたりすると、とてもストレスです。人間はつねに一貫した堂々とした態度が大事。後住犬には好き嫌いをします。当人が弟分的に思えるコを選んで。

ヤシオ

次男的な感覚をもつ忠義のコです。人間の家長が猟などに連れて行くと、「お父さん」として心から慕い、従順です。その他の人間家族にはフレンドリーで、幼い子供を守るなども。ワークドッグであれば、仕事中はしっかりしているのに、仕事外のときはおっちょこちょい。そのギャップに癒されます。

フウガ、フーガ

名前の通り、おすましで優雅なところがあります。仲間から少し離れた位置から全体を見ている兄姉タイプ、みんなと転げ回って遊びに集中するタイプの両方がいそうです。カンがよく、人間家族の状況や気持ちを見抜くので、人間が悩みをもつと不安を感じます。敏感さからストレスをためないように配慮。

ホクト

賢く自主性があり、自分の生活をもっています。その分、人間家族とは適度な距離をもちがちともいえます。ボールゲームなどをしてコミュニケーションをはかり、よい感じのプレイができたらぐじゃぐじゃになで回して喜び、喜びの共有を。きびしい学習にもついてきますが、自由な時間や遊ぶ時間を大切に。

リュウタロー、リュウタロウ

しっかりしているように見えて、あんがいのんき。細かいことにかまいません。周囲の状況がわからず、ポカンとしているときもありそうですが、おかまいなし。「結果よければすべてよし」のタイプ。ときどき調子よく、仲間のごはんや功労をわがものにし、世渡りは上手そうです。面倒な学習は好きでないよう。

人気の名前 §11

はなやかで親しみやすい　外国の人の名前

ルックスが浮かんでくるような
かっこいい名前、
子供のときから
ステキだなと感じていた名前、
音の楽しい名前、
天使や王族の名前、
思い切り女優っぽい名前、
どんな名前もわんこなら選べます。

アリ、アリー

鋭敏なかわいいコ。呼び声などを敏感に察知し、人の心にも敏感です。人の声が沈んでいると、気付かないフリをして元気に飛んできたり、または寄り添ってくれたり。カンの休むヒマがないので、無心に熱中することを大切に。ときどきいうことをきかないのは、疲れたとき。アリーは少し、自由度がアップ。

アルファ、アルファー

名の通り、自立心があり、何でも自分で決めて行動したいという気持ち、仲間を統率したいという欲求があります。一番でないと気が済まず、勝ちたく、やや自分本位でもあるので、社会化をしっかりと。母わんこが優秀なら、そのそばに長めにいさせて。学ぶ姿勢や信頼を身に付けさせ、先生犬と接するのも◎。

アル、アール

おとなしく、臆病で引っ込み思案に見えるのですが、あんがい自由。好奇心のままに動いています。多少臆病さはあり、怖いと保身で戻ってきます。少し怖いものに挑戦し、クリアすることを覚えるとぐんぐん成長。アールはより自主性がアップ。やりたいことを長く続け、呼んでもこないことが多くなります。

アン

明るくやさしいコ。人の喜ぶ顔が大好きで、イイコにして遊んでいようと努めている面もあります。ナイーブで、怖いものがあることも。トラウマになりやすいので怖い体験をさせないように。かわいがり過ぎると怖がりの甘えん坊ともなるので、「堂々と歩く、お留守番ができる」など自信をつけてあげて。

アンディー

愛すべきイタズラっ子です。基本的には正直者ですが、もっと遊びたくておもちゃを隠したり、しかられたくなくて小さなウソをついたりします。人間はそのかわいさについ甘い顔をするのは厳禁。甘い顔が見たくて、またやります。怖いものがあったらなれる工夫を。あまりに恐怖が強いものは避けてあげて。

ヴィトン

元気ではつらつ。正直でまっすぐです。幼いときから好奇心旺盛。人間の都合でNGを出さずに、好奇心のおもむくままに体験させてあげましょう。自分でいろいろ覚えていきます。その結果、後輩に自分が覚えたことを伝えるよき先輩に。大好きな遊びや散歩、好奇心を満たせてないと、元気がダウン。

ウッディ

大人っぽく、熟慮します。後輩や幼いわんこがいると、順番を譲って見守り、必要なことは教えるようなところがあります。自分の好きなものには凝り性で、単独で長時間続け、譲りません。当人の絶対守りたいものを守ってあげることが大事。服などが嫌いという場合、無理に着せるとかなり落ち込みます。

エリザベス

何でも自分でやろう、できるようになろうとするがんばり屋です。先輩がいれば、そのマネをして覚えようとします。自分でやろうと努力しているときに手を出すのはNG。人間に中断させられそうになると怒ります。ガンコで覚えもゆっくり、面倒な性格でもありますが、じっくり付き合いがいはあります。

エル

おしゃれで少々気取った雰囲気を願って名付けられたはずが、素顔のまんま。ドジも失敗もなんのその。年下感覚があり、上のコのあとを付いて回ったり、マネをして覚えたり。その飾り気のない、気持ちむき出しのようすに癒されます。人見知りさせず、人間とわんこの友だちをたくさん作ってあげましょう。

キッド

名の通り愛らしく活発です。好奇心旺盛で怖がらないので、幼少時は行動によくよく注意。家の中は、絶対ごはんに勝手に手が届かない、人間の薬やお菓子に手が届かないなど、わんこ目線で危険がないように整えましょう。だいたい人好きですが、絶対嫌いな人間もいます。そうした人は避けてあげましょう。

クロエ

しっかりしていて、きちんとしています。自分のものは自分でもとあった場所に片付けるようなタイプです。散歩など決まっている習慣にもきっちりしていて、人間が遅いとリードをもってきて催促。時間に敏感なコもいそうです。その性質や生活習慣を大切に。そうしないと当人は当惑してしまい、混乱も。

クロス

きちんとしていて、自分のことは自分でやれるしっかり者です。食事の器やトイレなど、他の家族と共用や誰かが自分の居場所に入ってくるのも嫌うかも。といっても、動物家族や仲間とは仲良く、楽しく生活できます。執着心や集中心がある場合、それを逆手に取れば、ゲームなどの名手となることも。

ケリー

おしゃれでおすまし。プライドの高さもあります。早くから仲間となじめるようにしてあげましょう。だっこ散歩、助けを求めてくるとすぐだっこ、甘えさせ過ぎはNGです。マナーやルールを守ること、上達していくことが大好きになるコも。きびしいけれど、よき先生、母となり、ショーに向く可能性もあり。

スー

無口な雰囲気ですが、なかなかガンコ。イヤなものは絶対イヤ。カンもよいので、だましてお医者さんに連れて行こうなどしてもバレてしまいます。小さいときからいろいろなことにならしておくことが大事。機嫌が悪いとき、本当は散歩に行かないのに、大好きな「散歩に行く?」などとウソをつくのはNG。

ジャック

昔ながらの名前。賢く鋭敏で、人のために尽くす番犬、学習好きで覚えが早い、人間の子供の面倒を見る、リーダーとなるなどさまざまな能力をもちます。その分、人間はさらにしっかり賢くなり、そのリーダーとなる必要があります。ガンコで執着心も強いので、人間とわんこのたしかな関係作りが必須です。

サム

賢くて自主性があります。自分から進んで何かをして、どちらかといえばひとりで自由に過ごしていますが、必要とあればリーダーシップを取ります。野性的な感覚もあるので、羊を追ったり猟をするようなワークドッグとしても活躍しそうです。ナースリーな感覚より、アスリート的なわんこでしょう。

セイラ、セーラ

素直で人や先輩に従う面、自主性をもって行動しようとする面があります。従うことで学び、次第に成長し、立派な指導犬、母となります。それでいて、人にはいつまでもときどき甘えてきて、赤ちゃんのときのような顔を見せるかわいさがあります。競争などでもがんばり屋なので、ストレスに配慮を。

ジュニア

快活で仲間と遊ぶのが上手です。先輩の動物家族や仲間がいると、面倒や失敗を彼らに押し付けるなど次男的な調子のよさやズル賢さもありそう。ひとりっコだと意識が人間的になり、仲間との連携がうまくできなくなるかも。ひとりっコの場合は、ドッグランなどで仲間と転げ回って遊ぶ機会を増やして。

サンディー

陽気で遊び好き。ひとりでいても仲間といてもいつも遊んでいて、ごはんに呼ばれたときだけ耳が敏感に反応し、すぐに戻ってくるようなタイプ。好奇心旺盛でアウトドアは楽しみの宝庫。何にも臆せず鼻を突っ込むので、危険に近付かないよう注意。年下や仲間と遊べないコを仲間に引き入れるのが上手かも。

セシリア

賢くて、人の気付かないところにまで気が回ります。人はうかうかしていると、わんこがすべて状況を整えてしまっているということも。統治欲があるのできちんと養育。学習意欲も高いので、つねに何か学習を続けて。やることがないと不満やストレスを感じ、人や場のコントロールをはじめることも。

ジョン

日本でも昔からある名前。長く人間とともにいた名前のせいか、わんこらしいというより、「自分は人間の友人だ」という人間的な感覚があります。人間のことをよく見ていて、添ってくれるかと思えば、「やはりわんこか」と思わせる側面も。そのあたりが、依存せず、いい関係を築けるもと。

ジエイ

ガンコで好みが明確。好きなものには一生けんめいになりますが、それ以外は見向きもせず。出会うわんこや動物家族には適度に快適な距離をもって接します。好きなことに熱中していれば、世話ナシという面も。好きな学習は喜びますが、それ以外のものの無理強いは無駄。本能発揮の遊びやゲームは大好きかも。

ニッキー

賢くかわいく、印象深いわんこ。独特なクセ、こだわり、好きなものがあるかも。6歳の男の子のような雰囲気があり、姿が見えないと思っていると、遊びに熱中していて、ひょっこり泥だらけの顔をのぞかしたり。好きな遊びに熱中することでストレスなし。引っ越しなどでそれができなくなるときは配慮。

トム ♥

マイペースのよく遊ぶかわいいコです。天真爛漫に遊んでいますが、ときどきふと何かにひっかかり、手を止めたり、不安を感じたり。その日だけは甘えさせ、ハンドタッチなどしてあげましょう。天気やいつもと違うことに敏感です。人間の香水など、落ち着かなくなるので、むやみに付けたり変えたりはNG。

セシル

賢いしっかり者です。人や仲間の気持ち、周囲の状況をよく見ているので、教育係やお世話係などの才能あり。人や場にたくさん口（？）を出してくるうるさいタイプ、控え目ながら押しの強いタイプの両方いそう。神経過敏でストレスも溜めやすいので、思い切り走るなど、すべてを解放する時間を大切に。

ソフィー

やさしいお姉さんタイプです。控え目ですが、周囲のことをよく見ていて、みんなの性格や気持ちを察知しています。みんなに遅れてしまうコやできないコがいると、やさしく面倒を見るでしょう。教師としても適正がありそうです。その分、自分の欲求やストレスは素直に出せない面があるので、配慮を。

ソロ

名前の通り、ひとりで何でもできますが、単独プレイではなく、周囲との関係をよく見て行動しています。たとえば、車通りの多いところで散歩速度を落としたり、車道に出ないように引っ張ったり、人間も気付かぬうちにお世話されているかも。神経を使っているので、邪魔されない睡眠環境などを大切に。

お願いしていた黒のお洋服と真珠のネックレス。
お誕生日プレゼントなの！

ビッキー

自主性があり、元気で活動的です。いろいろ自分で考え、行動できる分、自己主張も強いところがあります。養育が肝心です。仲間や動物家族とケンカになったときは、適当に済まさず、きちんとルールを作って伝えましょう。ひとつひとつルールを納得することで、問題もなく、当人の能力もアップします。

バーキン

しっかりしていて、巧名や名誉は望まず、陰から場をコントロールしているようなタイプ。ガンコで自分の考えに自信があり、揺るぎません。何かあったときは自分の判断を貫きます。それは、人間の知らないわんこの知恵ということも。甘えず、言葉も少ないですが、頼れ、欠くべからざる力強い存在です。

ニック

賢く知恵があり、思考力も優秀。ときに応じて物事を考え、自主的に行動できます。ふだんはリーダーではないとしても、問題が起きたときなど、仲間を安全に導くことができるタイプです。カンもあり、人の気持ちもウソも見抜きます。二枚舌の人間などは信頼しません。誠実な人を見抜くともいえます。

フェイ

やさしい兄姉タイプ、家族思いです。少々困った後住犬が来たときなど、人間家族に世話をかけないように、自分が世話をかって出たり。ガンコで芯の強いところがあるので、何かに対して断固として拒否するときは、できるものなら尊重を。やさしいハンドタッチなど、ていねいに扱われるのが好きです。

ピーター

敏感で、自分で考え、好きなことをしようと行動します。いたずらを「とても楽しいこと」と感じているかも。人間家族がいたずらを見つけて騒ぐと、騒ぎが楽しくてまたいたずらするタイプなので注意。少々気分屋の面もあり。ささいなことや天候、体調などが気分に響きます。嫌いなものを把握し配慮を。

ネル

おとしく控え目ですが、ガンコです。派手に目を引くようにふるまって目立とうという気持ちがないので、ふだんは物静かで、自分の世界を大切に生きています。しかし状況は全部把握していて、いざというときは弱い仲間を危険から守ったり。人間のウソは見抜いていて、それでも愛してくれている大人です。

マーク

何ごとも平均点以上をいける優等生です。その分、“個性の迫力”は少ないかも。ひとりで何か真剣に遊んでいるときは邪魔をしないこと。すると個性や才能が伸びてきます。失敗を笑うと二度としなくなるので、気付かぬフリ。満足気な顔をして戻ってきたら、「楽しかったね！」と共感してあげましょう。

ボブ

自分の考えのもとに行動する大人っぽいコです。自分なりのルールを決めてしまうと、なかなか人間がこうしてほしいと望むルールが入らないので、ルールのしつけは早いうちに。ガンコでもあるので、母わんこと長めにいっしょにいたほうがよさそうです。後住犬には、無口に（？）態度でルールを示します。

ベッキー

賢く、聞き分けのよいコです。ただ少々気性の激しいところがあり、何かのときにそれが出てきます。何か学習に行くと、「何が何でも一番に」と競争心を燃やしたり、その逆に小さな仲間や人間の子供を強烈に守ったり。とくに出来事がなければ、仲間と仲良く、後住犬とも適度に仲良く、暮らしています。

パピー時代の教育が大事

この本ではあまり紹介できませんが、わんこはパピーのときの教育……仲間と暮らし、人間社会で暮らすための教育がとにかく大事と感じます。

仲間との暮らし方などは、母わんこをはじめとして、周囲に優秀な大人わんこがいれば、多くの部分を教育してくれます。

少し前までの日本では、生まれて１か月も経たないパピーがペットショップで売られていました（現在は生後 45 日に。愛護団体等は８週齢を要望）。

“かわいいから”という理由です。生きた動物を店頭で売ることを“生体販売”といいます。ペット先進国ではほぼ禁じられていて、そうした国の人々には、とんでもない蛮行に映るそうです。

右も左もわからず、自分がイヌに属すこともわからず、イヌなら誰でも遵守することとなる共通ルールもわからず、イヌ教育も受けず、これでは後に問題が起きてもしょうがありません。

日本では２か月半で母わんこから離すことが推奨されているようですが、<アニマル　コミュニケーション>をしていると、母わんこと３か月半以上いっしょにいたわんこは、将来的なさまざまな問題が激減するように感じています。

ボビー

のんびりおっとり、堂々とした大物の雰囲気ですが、内にはあんがい繊細な心を抱えています。自分に向けられた言葉に敏感に反応するところもあります。「強そうだ」とか「○○が上手だ」とかあまり期待せずに、繊細さを理解し、寄り添ってあげましょう。「大好き」の言葉をかけながらハンドタッチを。

マーサ

本当は甘えん坊なのに、甘えたい気持ちをぐっと抑えて、カッコよく振る舞おうとしています。後住犬や後輩には見本となる先輩であろうとがんばります。ときどきがんばりが崩れて、スネたり甘えん坊になったり。最悪はヒステリックにも。ストレスをためないように、ときどき単独の甘えタイムを設けて。

マイケル

愛らしく、ひょうきんで、遊び好き。集中するほどに失敗するなど、みんなを楽しませてくれます。仲間付き合いもうまく、問題は少なめ。人間家族に問題があると気分がダウンし、元気喪失。人間は当人から元気をもらっていると感じていますが、わんこの元気のもとは、人間の明るいエネルギーなのです。

ムッシュ

腹の座った大物なのか、ぼーっとしているのか、よくつかめないところがあります。いずれにせよ、存在感があり、そこにいてくれるだけで、人間家族はほっと気持ちがなごみます。食べ物や寝床など、何かこだわりがあるかも。できるならその要求を満たしてあげましょう。運動不足にならないように注意。

マイキー

純粋で陽気。感情と行動が一致している素直なかわいいコです。陰で悪さをしたり感情を隠したりしない姿に、人は笑ったり、けなげさに感動したりするでしょう。突然態度が変わるときは、必ず理由があります。叱るのではなく、理由を考えてあげて。弱者や幼い者のために体を張って行動することも。

マック

元気で、仲間とも仲良くでき、分別もあります。ひとりっコとして、人間家族の目玉が全部自分に集まって生活するより、「大勢の中のひとり」として、適度に放任されて暮らすほうが好み。動物家族がたくさんいる家がよいタイプです。仲間から上手に距離をとり、ひとりで自由に遊んでいるのも好きです。

モア

賢く優等生で、自分を優雅に見せようとします。マナー違反などもってのほかです。何か失敗したときは誰にも知られたくありません。人間家族は笑ったりせず、見ても見ぬフリをしましょう。好きな異性の前ではますます自分をよく見せようとするので、すぐわかります。食べ物の好き嫌いはある程度許可を。

マイク

おすましで賢く、プライドも高いほう。後住犬や後輩がきたときは、「おりこうな先輩」として一目置かれることを望みますが、といって手取り足取り指導するタイプではありません。後輩が間違ったことをすると、吠えて警告し、威厳を見せたりも。ドッグランなどで出会う仲間とは適度に距離をとります。

マリー

素直で愛らしいコです。幼少時はあまり自分で考えず、周囲にお任せ。あるときから自分でできるようになろうと願い、いろいろ努力します。その結果、できることが増えますが、器用ではないので、全部はできません。それでもできるようになったことに満足している姿が愛しく、その肯定感に癒されます。

ラルフ ♥

元気で陽気で遊び好き。社会化やルールの学習が完全でないと、乱暴者になることも。やってはいけないことをしたとき、人間がキャーキャー騒いだり追いかけたりするとゲームと誤解し、さらに楽しみます。中にはズル賢いコもいそう。知らんぷりなどさせないように、人間は頭脳合戦のつもりで賢く対応を。

ルーク ♥

少々気取ったところがあります。カッコよい自分は○、カッコ悪い自分は×なので、うまくできない学習には行きたがらないということも。苦手がちょっとでもできたときすかさずホメると、その学習が楽しくなり、苦手が減っていきます。動物家族は、好きなコと仲良く、そうでないコとは距離

リンダ

活発で目立ちたがり屋で華やかです。見た目だけではなく、行動面でも先に立ち、仲間を誘導したりするのが好きです。わがままなリーダーとならないように、できれば先生わんこも見つけて、分別があり聞き分けのよい立派な指導者に養育を。指揮官的なふるまいはとても似合っていて、誇らしそうです。

リタ

ちょっとすましていますが、動物家族といっしょに散歩するときなどは上手にリードを取っていて、人はそれに気付かないこともありそう。年上の速度を見て遅めたり、やんちゃな年下を制御したり。こうるさい兄姉という感じです。人間の気もよく見ていて、実は上手にバランスを取ってくれているのかも。

ローラ

ふだんは陽気ですが、繊細な面や気分のアップダウンもあり、それを人に見せないようにしていてます。新しい家に後住犬として入ったり、自分のあとに後住犬がきたりすると、よい関係にしようと努め、イヤなことがあってもガマンします。最後のガマンができなくなって爆発する前に気付いてあげましょう。

ルイ ♥

やんちゃで、自分の世界で遊んでいるようなコです。気まぐれなところもあるので、ナンバー1に大好きなおやつ、ナンバー2、3などランクを上手に使って、ルールなどを伝えましょう。何か抜きん出て得意なことがあり、そこから大きく成長していくことも。日常の生活や遊びから、特別な得意を探せそう。

リッキー

元気で利発な優等生タイプです。おかしの数が誰が多いなど、よく見ていてわかります。その分、仕切り役をすることも。人間でいえば、ちゃんと列に並ばせるような係です。年下の教育係もできるでしょう。といって、人間が甘え過ぎると怒ります。してくれただけの報酬的な何かをきちんとあげましょう。

新しいおうちにきたばかり。ママがやさしそうだから、よかった

人気の名前
§12

著名な人やグループ、歴史上の人物

大好きな人や憧れの人。
歴史を動かした大物、
武道の達人、絶世の美女。
そんな人にあやかれるように、
願いをこめて。
その名をもつわんこと過ごし、
名を呼び、名を身近に感じるのは、
とても楽しいこと。

アーサー

元気で堂々としていて、先輩、先生、リーダーの資質と雰囲気あり。その分、かなりガンコで気難しさもありますが、一貫性があり、揺らぎません。資質を生かすためにも、母わんこと長く過ごさせるか、社会化をしっかり。わんこのイヤなものを尊重し、人間は立派な大人の人間と付き合うように誠実に接して。

イチロー

自分の考えをもつガンコ者です。場に応じてリーダーシップを取ってまとめたり、後輩を指導したりするよきアニキ／アネキのタイプ。トラブル嫌いで、仲間との上手な距離の取り方も心得ています。他に気配りする必要がないときは自分の遊びに熱中。学習能力も高く達成を喜ぶので、スポーツも合うかも。

アポロ、アポロン

自分が生きるために必要な知恵だけ集めてきているようなコ。賢いのか調子がよいのか、しぶといのか、ワガママなのか適当なのか、わからない面もあります。省エネが得意なのです。アポロンはしぶとさとガンコさが増えます。人をよく見ていて気配りもしますが、見ぬフリも。それでもストレスをためます。

イリス

繊細で高潔。イヤなことを強いられると、座り込んで断固動かないことも。プライドを尊重し、王子王女のようにていねいに扱い、叱るときはきびしく静かに王室の養育係に徹して。ときどきハイテンションに。どうしたら静まるか試行錯誤を。人の興奮や感情的な声も嫌いで恐れるので、人は大人であること。

ココ

おしゃれで、無邪気で愛くるしいかと思うと、何かに対してはテコでも動かぬガンコだったり。物事にも人や動物にも好き嫌いが明確なので、問題とならないものなら自由度を尊重してあげましょう。気に入った年下の面倒はよく見ます。ダンスなど、プリンセスのように振る舞える習い事に才能がありかも。

セナ

しっかり者で、人間、動物にかぎらず、家族全体のことをしっかり見ています。落ち込んでいる人がいると、何もいわずそばにいたり。人間家族がそれに気付かずにいると、「○○ちゃんが落ち込んでいる」と人間のお母さんに告げたりも。面倒見がよいので、母わんこや保護わんこの預かりもできそうです。

チャールズ

王様の名前ですが、大物感より、チャーミングな雰囲気があります。賢く、人間のママをメロメロにしてしまうタイプです。操縦桿をしっかり握り、人間でいえば〝ウインク〟するような表情にやられないように。ひとたび人間を自由にできるとわかると、愛らしい表情を武器にすることを覚えるモテ男君です。

ジーコ

緻密な頭脳、野太く、腹が座っています。人間でいえば、地に足の着いた不言実行のリーダーです。底力があるので、統率力も大。それだけに幼いときの養育が大事です。愛情深く育てばよきリーダーに。そうでないと、他を強くコントロールする恐れられるリーダーに。よきリーダーは人間さえも導きます。

ダイアナ

優雅ですが、周囲とあまりなじまないところもあり、ガンコで、物思いにふけっているようなときもあります。仲間がいても、自分から合わせていくほうではありません。嫌いなことをやらせると、気分が一気にダウンして、食欲もダウン。快適なことは何か、配慮してあげましょう。服やヘア飾りなどおしゃれが好きかも。

ディープ

賢く思慮深く、自主性があり、よく考えてから確実に行動します。トレーニングなどもきちんとやり、完璧性やマスターしたいという思いもあり、優秀な成績を上げます。トレーニングセンターの指導犬、ワークドッグなどの資質も。ガマン強いので、アウトドアで存分に好きなことをして遊ぶ時間が不可欠。

シーザー

大人っぽく、自分をもっていて、自主性があります。「もう寝る時間」「ぼくの寝床はここ」などと自分で決めていて、そのように行動し、変えられそうになると怒ります。当人が決めている日々のあれこれをできるだけ尊重してあげつつ、災害時なども想定し、人の言葉にきちんと従えるようにしましょう。

タッキー

いつも明るくふるまっています。人間家族をよく観察していて、家族がしあわせになるようにがんばり、犠牲となったりガマンしていることもあります。隠れリーダーとして、人間にはわからぬように進む方向をリードしていることも。人間よりぜんぜんうわてともいえます。ストレスがないように配慮を。

テレサ

基本的にはやさしいのですが、気の強いところがあります。母になったときなど、赤ちゃんの守り方は強烈で、人間家族も手を出せないほど。その分、よき母わんことなり、パピー教育の名人ともなれそうです。潔癖な面があるので、ウソは禁物。ウソやルールと違うことがあると、怒って興奮することも。

ネロ

精神も力も強く、自主性があります。ふだんは寡黙でも、いざとなると絶対譲りません。イヤなことなどがあると興奮が止まらなくなることも。リーダー要素があり、幼いときからリーダー的行動を取り、目上の気に食わないコに立ち向かったり。社会化は確実に。成長後は仲間を率いる立派なリーダーに。

ニノ

賢く、ズル賢さもあります。正面には出ず、うしろから仲間を誘導して、人間には誰が首謀者か見えないことも。達成欲があり、ホメられるのも大好きなので、学習するとすぐに覚えます。「○○を取ってきて」「パパを起こして」などお手伝いも得意。それを仲間や動物家族に教えることもできるでしょう。

トト ♥

オリジナリティあふれる愛らしい存在。大好きな穴掘りやボール遊びなどをいつまでも続けています。あまり人間の顔色を見ることはなく、そのマイペースさにほっとさせられます。他の動物家族が来ても我関せずで何も変わらず、散歩する家族が増えても、散歩中の遊びは今まで通り。何も変わりません。

ノア ♥

自主性があり、自分で考えて行動しようとします。人に頼らないというより、気難しさもあり、迷惑をかけたくないかのよう。表情もあまり表わさず、無理をしていることがあるので配慮。ときどき機嫌が悪く、体調を崩し、イタズラをしたりするのは不満をためたときかも。ハンドタッチと甘えタイムを大切に。

ネネ

甘え上手で、ワガママな女王様のようなところがありますが、人間家族にはそこが魅力。甘やかせ過ぎると、人をコントロールしたり依存したり、いざというとき困ったことにも。賢く自主性があるので、早くから仲間となじませ、マナーなどの学習を。仲間のリーダー、よき指導者となってくれるでしょう。

ニケ

高尚な雰囲気。人間の悩みを遠くから微笑んで見守っているような感じもします。イイコでガマンし、いつも何もないかのように笑顔でいるので、日頃のねぎらいを大切に、寝る前のハンドタッチなどを習慣に。特別の食べ物はおいしいので食べますが、健康のためにはなれたもののほうがよいタイプです。

わんこもストレスをためる

わんこもストレスをためます。イイコのわんこほど、人間家族を喜ばせようとします。「イイコね」といわれ、人間家族が自分が“イイコであることを喜ぶ”と理解すると、人間を喜ばせようとして“イイコ”を演じ続けます。途中で「やーめた」となることはなく、そして、ストレスをためます。

赤ちゃんが生まれたりパピーがきたり、いろいろな理由であまり相手をしてもらえなくなったときも、イイコほどガマンしてストレスをためます。その結果、ストレスは病気として、また突然の問題行動として表れたりします。

ブンタ

強くてマイペース。リーダーシップはあまり取りませんが、堂々としているので他わんこの見本となります。親分肌の面はあり、後住犬が来たときなど家のルールをニラミをきかせて教え込みます。自分ひとりの時間や遊びが必要なタイプ。ときどきルール違反をしているときは、何か不満があるからかも。

マリリン

愛らしく、おっとりしています。誰かに自分のものを取られてもあまり気にしません。のんびりしていて、仲間の動きが速いと付いていけないことも。それでもさして気にせず、仲間に上手に溶け込んで遊びます。ときどき元気がなくなるのは、体調が悪いか寂しいか。ときどき甘えん坊させてあげましょう。

ヨン

賢さ、愛らしさ、人なつこさがあります。実はあんがいクールで、人や仲間を観察。敵を作らぬ社交上手です。活動的な面もあればものぐさな面もあり、いろいろ上手に使い分けています。「よい顔で接している相手は好きなのだろう」と単純に考えるのは間違いのもと。ストレスを感じていることもあります。

マリア、マリヤ

マジメで堅実。ちょっと考え過ぎたり考え込んだり、気難しさがあります。学習教室などでは、仲間は何も考えずにサッとできるところで、ちゃんと考え、納得するまでできません。そのかわり一回できるとあとは上手で忘れません。同じ場の仲間は仲間とは認めていますが、選んだ相手としか親しくしません。

マルス

「戦いの神マルス」ではなく、素直で円満を愛するわんこです。しっかり者で、リーダー気質を備えていそう。よきリーダーを見ていると自然にリーダー能力が磨かれ、ときがくるとごく自然に後継者に。自分より大きな体のリーダーを慕いますが、見る目があり、小さなコでも立派であればちゃんと認めます。

レノン

知的で繊細で緻密。頭のよく回る頭脳派です。他との距離は自分で決めます。好きでない人や仲間には近付きませんが、数少ない大好きな人や仲間に会うと大喜び。運動したり頭脳を使ったりしてエネルギーを発散しないと苦しいタイプ。屋外運動や人間とのゲームを楽しんで。仲間とのゲームではリーダーに。

人気の名前
§13

物語やアニメのキャラ、映画の登場人物

幼いときから、
悲しいときも嬉しいときも、
いつもそばにいてくれた
キャラクター。
かっこよさに憧れて
マネをした映画スター。
そんな名前は、いつまでたっても、
胸の中でピカピカしてる。

アトム

元気で賢いコです。楽しいときは存分に楽しみ、疲れたときやイヤなときは動かず、気を使うと疲れて長くは続かず、ニュートラル感があります。人間はそこを学びます。ドッグランにイヤなコがいるなど、問題が突破できないときは手伝ってあげて。人間の心理には敏感です。ハンドタッチできずなが深まります。

ウラン

神経質で臆病な面とガンコな面があります。決めたことを変えたくないので、人間が手順を間違えたり予定を変えたりすると、不安を感じ、イヤなことを強制すると固まります。大好きなことやモノや世界を大切にしてあげて。気さくな付き合いは苦手。世話好きの導き手わんこがいると日々が楽しくなります。

アリス

きどったところがあり、何でも自分でやろうとする自立心のあるコ。でも実は上手に人間に手伝わせているところも。がんばったり、あきたり、イヤがったりヤキモチを焼いたり。豊かな感情が人の心も豊かにします。ガンコさや繊細なところもあるので無理強いは禁物。長い留守番も苦手で、かなり負担かも。

クウ

表向きはやさしいけれど、内心にガンコさ、強さを秘めます。思ったことを自主的に快適に進めるタイプで、隠れリーダーのことも。一度こうと思ったらテコでも動かなかったり、特定のものに怖がりのこともあります。それを無理強いすると性格がゆがむので注意。ストレスに弱く、体調に出るので気配りを。

サンタ

愛嬌と包容力があり、人間も仲間もまとめて面倒を見るようなタイプです。ユーモラスな行動がみんなを笑わせるでしょう。単純な面もありますが、賢さを隠しているような面もあります。人間でいえば、ホスピタルクラウンの仕事など適性がありそう。お年寄りの施設にいるコンパニオンドッグなど適任かも。

サスケ♥

名前のままに運動神経のよいコとなりそう。我が強くマイペースでガンコさもありますが、自主独立性、正義感に満ちています。リーダーというより一匹狼的ですが、マナー違反犬にはきびしく接し、気に入ったゲームではリーダーをかって出るかも。弱い者や年下、子供、お年寄りにはやさしく、守ることも。

ゴエモン♥

マイペースに、意のままに生きるタイプ。散歩中にへたれ込んだり、ひとつの匂いに集中して動かなくなったり。あんがい人間の子供にやさしくて、何をされてもされるままにしていたり、自分なりに面倒を見ていたりするので、感心も。拾い食いなどに注意。ブラッシングなど嫌いでもなれたほうが後々よし。

シンノスケ

しっかりしているような、がんばり屋のような、失敗も多く、ムラがあり、おとぼけ。人間家族は「気まぐれ？　どれが本当のキャラかわからない」と悩むかも。よく観察すると、このわんこのそのときの行動によって場が中和され、なごんでいるはず。実際は、やるときはやるけれど、あとはおさぼり大好き。

サリー

聞き分けがよく、面倒見がよく、教え上手な先輩タイプ。遊びの輪に入りつつも、引いてみんなを見ているようなところがあります。思い切り欲求を出したり愛情を求めたりしないので、ついナースをお願いしがち。ストレスをためないよう、ひとりだけの散歩に行ったり、折に触れ寝る前のハンドタッチを。

コジロウ、コジロー♥

しっかり者で自立しているタイプです。リーダーとなることもあれば、他に動物家族がいても一匹狼的存在となることも。ガンコで自分で決めたやり方を守ります。人間の勝手で今日の散歩コースなどを変更すると、機嫌を損ねたり。人間は、自らが決めたわんこルールをきちんと守ってあげることが大切。

コナン

愛らしく、兄姉的な存在について回って、マネをして覚えるようなかわいさがあります。はじめてのこと、大きな音、ひとりで決めて行動することは苦手です。病院などは先生が好きになると、やっと行けるようになります。怖いことがあったあとやがんばったあとは、よくホメてあげると自信につながります。

アタチ、人間の女の子と大きいわんこを育てて、
みんなの世話をしているの

シンバ

強く、自立心もあり、立派なリーダーとなる名前です。何でも自分でできるので、やっていいこと／悪いことの教育をしっかりと。賢いので、その理由まで理解が及ぶと、後輩をしっかりと育てます。家族や弱者を守る気持ちもたっぷりです。赤ちゃんやお年寄りのこともよく注意し、危険から守るでしょう。

チップ

活発でやんちゃ。遊び好きはともするとイタズラにエスカレート。イタズラしたときに人間が過剰に反応するとゲームと誤解するので注意。人間は、しっかりとした低くて静かな声で対応を。ルールを覚えるのは少々時間がかかりそうですが、楽しいゲームはすぐに上達。ひとりっコではないほうがよいかも。

チャーリー

大好きな遊びがあり、ひとりでいつまでも続けていたりします。基本的には陽気ですが、気難しさもあり、機嫌の悪い日もあります。その原因は雨のせいとか、ごはんの容器がいつもと違うということだったり。凝り性で、何かコレクションがあったり、大好きものがあり、それにこだわっているということも。

ゾフィー

強き母のような、やさしい姉のような、肝がぐっと座ったところがあります。それでいて繊細な心もあり、人や仲間の気持ちを察します。何か絶対譲らないときは、それなりに確固とした理由があるのですが、控え目で、理由を見せないことも。当人なりの努力が感じられたときは、よくねぎらってあげて。

チビタ

やんちゃで活発で元気。チビが長男気質ならチビタは次男気質。やりたいことをして楽しみ、イタズラも。たとえばスリッパを振り回す姿に人が反応すると、スリッパの破壊者に。ルールをしっかり覚えてもらい、違反時の甘い笑顔は厳禁。人間家族のルールがそれぞれ異なると人により態度を変えるので注意。

ナルト

元気ハツラツ。愛らしく活発です。やんちゃでいうことをきかないときもありますが、それは、「もっと食べたい、遊びたい」というシンプルな理由がほとんど。人間家族と運動量の多いボール遊びなどを喜びます。遊ぶほどに人間とわんこのオリジナルルールができて、楽しさもコミュニケーションもアップ。

ゾロ

しっかりしていて、自主性があり、みんなを牽引するリーダー能力や強さもあります。きちんと養育すると、成長後は家の見張り役となり、人間家族の生活の手伝いもするでしょう。直感が鋭いので、突然激しく吠えるときなどは何かの警告かもしれません。怒らず、思い当たることがないか考えてみましょう。

マーヤ

愛らしく、少々怖がりなので、怖いことがあると甘えん坊になり、人間や先輩にしがみ付いたり隠れたり。苦手なものがたくさんありますが、経験していないだけ。一度恐怖なく試すことができると好きになるものもたくさんあります。動物家族がいたほうがよいタイプ。甘えさせ過ぎやだっこばかりはNG。

ビリー

落ち着きも勇気もあります。リーダーとしての素質もあるようです。素早く敏感なタイプ、どっしりし過ぎて動かないタイプがありそうですが、どちらも大物です。細かくしつけるより、当人の個性を伸ばして。様子を見て、好きなものがあるなら学習させると喜びます。食べ過ぎ、何でも食べるコは健康注意。

バービー

自分でいろいろ楽しいことを考えては遊んでいるかわいいコです。要領はあまりよくなく、わからないと固まってしまうこともありますが、ひとつひとつ学習すれば解決できます。じっくり型で、納得が必要なので、何度でも教え、付き合ってあげましょう。ホメられたりきれいなスタイルをすると喜びます。

マイロ

しっかりしていて、自分で考え、行動します。母わんこにあまりかわいがられなかったとしても、しっかり社会化されていることも。周囲のことを気づかうリーダー資質があるかも。上達や達成を喜ぶタイプです。学習をして、みんなの先生わんことなる可能性、セラピーなどワークドッグの才能もありそう。

ペコ

愛らしく、人思い。あまり不満などをいいません。不満があるなら、訴えずに寝ているタイプ。そのためときどき意味不明の行動でストレスを表わし、発散しています。自己主張しないので、他に動物家族がいると二番手三番手に回りがちですが、当人の気持ちをじっくり察し、ハンドタッチなどで甘えタイムを。

ハチ

無邪気で元気です。内に繊細さがあり、ふとしたときに傷付いたり落ち込んだり。はやしたてたり、強い叱り方は、引っ込み思案などになるのでNG。失敗したとき人間が笑って楽しむと、エンターテイメントと勘違いしてまたやるので注意。熱しやすく不安定な面もあるので、人間は安定した心で手厚く世話を。

目指せ！　ペットの殺処分ゼロ

日本はペットへの意識の低い、ペット後進国といわれています。最近はやっと「ペットの殺処分」について関心が高まってきました。行政レベルからも「ゼロ達成」への取り組みがはじまり、行政と保護団体などの尽力により、ゼロを達成する地域も増えてきています。

欧米では保護動物を引き取る基準や審査がとても厳しいので、“保護犬を引き取る”とは、「犬を養育するのにふさわしい能力と環境をもつ家庭」と認められたことと同じなので、とても名誉なのだそうです。

日本が後進国といわれるもうひとつの大きな理由が、生体販売（生きた動物を店頭で販売する）です。今は20時までと制限されましたが、少し前までは動物たちが24時間、明るいガラス箱の中で人の目にさらされていました。

欧米では動物家族を望むときは、保護された動物たちか、ブリーダーさんを通じて迎えます。「ペットショップ」は、ペットを売る店ではなく、ペットの生活を支える店なのです。

マッキー

好きなものには気持ちがはっきりしているのですが、そうでないともじもじしたり迷ったり。自分が「これがほしい」というと弟が悲しむなどと思うと、表情を変えずに譲ったりも。ストレスの発散は、屋外で走るなど屋外の大好きな遊びで。人間と一対一のボールゲームなども楽しいコミュニケーション時間。

ミッキー

賢くて目走りがききます。人や仲間より先回りして目的地に到着していたり。仲間と遊ぶのが好きなので、ひとりっコだとしても、ドッグランや散歩先などでたくさん友だちを作ってあげましょう。どの動物家族とも、あまり温度差なく仲良くできます。大好きなことに熱中する時間を大切にしてあげましょう。

モモタロー

がんばり屋のかわいいコです。できないことがあると、がんばってマスターしようとします。競争心もあり、「あのコにだけは勝ちたい」という気持ちから一生けんめいになることもあります。「新聞をもってきて」など、家の用事をするのも好きです。人間家族が喜び、ホメることで、きずなが深まります。

マルコ

しっかりしていて、周囲や場をよく見ています。リーダーというより、よきまとめ役、補佐役です。自ら目立たないようにしているかのよう。そのため能力を見逃されがちですが、責任感もあり、人間なら大役を任せられるタイプ。とはいえあまりお願いを押し付けると重圧となり、がんばり過ぎてストレスに。

ミニー

いつも陽気に踊っているようなかわいいコです。本当は甘えん坊で怖がりなのですが、あんがいガマンをして、みんなのために陽気なフリをしようとがんばっているところもあります。それを通し続けられず、どこかで疲れます。無理をしている様子が見えたら、やさしい言葉や大好きなことでねぎらって。

ラム

愛らしく誠実で、生まれながらに自分をもっています。社会化後は自主性を重んじてあげましょう。人間が学習などを望めば一応はやってくれますが、身が入りません。当人が熱中しているものはいくらでも上達します。友だち付き合いも上手で、イヤなコは適度に流し、動物家族ともうまく付き合います。

マルモ

よく遊ぶ素直でかわいいコです。人がよい（?）ので、年上や先住犬がやり手だと、食べ物をうまく取られてしまったりします。それでも怒らず、相手と無邪気に楽しく遊んでいます。相手を悪く思わないのです。人間や動物の家族に危険が迫ると、守ろうとして唸ったり。意外なところで勇敢で、驚くことも。

メーテル

賢く、自分のことは自分で考え、自分でできるタイプです。大好きな友だちと会ったときは喜びますが、ふだんはわりあいひとりで自由に過ごすことを好むでしょう。母、母の役、先輩となったときは、上手に世話をします。母となった場合は子からラクに離れて、自分のふだんの生活に戻っていきそうです。

ランマル

あどけなく愛らしく、よく遊びます。他のコが緊張していても、何も感じていなかったり。その無邪気さを大切に。友だちに会うのがうれしく、友だちと遊ぶことやおもちゃで遊ぶのが大好き。友だち作りやわんこコミュニケーションの応援を積極的に。人間の不安や怒りの雰囲気には体調を崩すので、配慮を。

ルディ

元気で活発。遊びが大好きで、熱中すると乱暴者のようにも。人間が激しい声を出すとますますエキサイト。静かで低い声が基本です。エネルギーが余ってのこともあります。リードを離して安心して駆け回れる屋外の場所があれば喜びます。勝敗を決める競技も好き。がんばり、上達し、チームリーダーにも。

レオ

強くやさしいコ。人思いで、人の行動や気持ちをよく見ています。人間がウソをついたり、人によってルールが違うと混乱。ルールは一本化し、ウソは厳禁。誠実第一で。誰かがグチをいったり、家族内にマイナスの空気があると、自分がカバーしようとします。元気がないときは、人間側に問題がないか確認。

ロッキー

運動好きで行動力があります。リーダー要素があるので、仲間の多い環境で育てば、勇気も責任感もあるよきリーダーとして成長するでしょう。規則正しい生活、一定のルールをきちんと守る生活が悩まずラクなので合っています。人間家族と運動量の多いゲーム、アウトドアでキャンプなどを楽しむでしょう。

ルパン

活発に動き回る運動好きなコ。野や山を走るのが大好きなので、リードを離して自由に走れる安全な環境があると喜びます。ガマンはあまりきかないところがあるので、長時間待つようなことは苦手です。強がるところもあるので、新しい仲間を見るとまずは牽制しますが、友だち付き合いは大好きで上手です。

レオン

大きな心をもつやさしいコ。人の心や行動を見ていないようで、実はよく見ています。マイナスの気持ちに揺さぶられないように、あえて知らないフリをしていますが、陰ながらカバーしようと尽力。立派に成長したあとは、家族の大人の一員として、相談するように話すとよいでしょう。後住犬の教育も◎。

ロミオ

一見すると、自由なモテオ君、カッコいい遊び人という感じです。その実、かなり骨太で、不正やルール違反を許さないような面があります。後輩や後住犬がくるとしっかり教育するきびしい先輩、指導者となるでしょう。そうした仕事がないとまた、自由に歌をうたって遊んでいるようなわんこに戻るでしょう。

ルフィ

賢く知恵が働く優等生。人が言葉にする前にやることを考えて、仲間を統率したりします。弱者を守り、何かのときは怖さも省みず、弱者を助けることも。子育ても上手で、パピーが来たときも世話をします。人間家族はわんこがともにいる時間を楽しみ、「大切にしている」ときちんと伝えることがきずなに。

避けたい名前④

プライドを傷付ける名前

　オナラばかりしているから「ブブ」、よくうなるから「ウー」とか、音は楽しくても、名前の由来をいうときにわんこのプライドを傷付けそうな名前はＮＧです。

　以前、ある家に同時に生まれた兄弟がいました。名前は「ピカイチ」と「イマイチ」。ピカイチはとても艶やか。イマイチは会う人ごとに「キミはイマイチなの？」なんていわれて、いつも陰にひっそりいました。決して今いちではなかったのですが……。あるときイマイチは家を出て行ってしまいました。名前の不思議を感じました。

人気の名前 §14

きれいな響き、覚えやすく、呼ぶと楽しく

響きがきれい、響きが楽しい、
発音するのが楽しい、
コードネームみたいに
聞き取りやすく、
かっこいい。
呼ぶたびに嬉しくなる。
家の空気も楽しくなり、
家族もわんこも大好き!

アイリ、アイリーン

愛らしく、おしゃれでおしゃま。自分で何でもできるお姉さんになろうとしています。とはいえ今ひとつ理由などがわかっていなくて、ときどき困惑。わかるまでじっくり伝えると成長。アイリーンはよりおしゃれで気取り屋さん。伝えるときは、プライドを傷付けないよう、人間は一定のさり気ない表情で。

アンリ

わりあい調子がよく、自分を有利にもっていくのが上手。ときどきちゃっかりズルをしたり出し抜いたり、小さなウソをつくことも。そのときの表情などがかわいくてつい許してしまいそうになりますが、グッとこらえて。怖いことや無理強いは残るのでNG。大好きなゲームなどがあるので、見つけてあげて。

アビ

強く、自立性があり、自分の考えで行動できるリーダータイプです。頭がよいので甘やかすと人間を自在に操り、いうことをきかないコにも。しっかり育てて立派なわんこに育てましょう。信頼する先輩犬やトレーナーがいると早く上達しようと努めます。がんばり屋で忍耐強く、人間の子守や家の番も得意。

ウイル

賢く、コマンドを待ち、指示に従って一気にダッシュなどを楽しみます。ゲームなどは人間との楽しい遊び。どんどん上達しそうです。上達せずに落ち込んだときは成長のチャンス、人間家族にとってもどう接するかが課題です。仲間とも楽しく遊びますが、人間との1対1のセッションのほうが楽しいよう。

キイ

少々神経質ですが、場の勢いで調子に乗って騒いでしまうなど、状況によりテンションが激しくアップダウン。そんなときはあとでぐったり疲れます。仲間や物事に対して好き嫌いがあり、嫌いなものがそばにいると興奮し、ストレスが高まります。頻繁に寝る前にやさしいハンドタッチをして、リラックスを。

ゴン

単純で、強く、けなげ。誰かにいわれたことを信じて、真っ直ぐ進むようなところが愛されます。絶対拒否するときは、危険に対する直感かもしれないので、従う価値あり。いたずらっコなので、大切な服など触れないように工夫を。幼いときはやんちゃですが、成長後はお年寄りの面倒をよく見るようにも。

チャコ

おしゃまでおしゃれ好きなやさしいコです。気付くと人間の井戸端会議のそばにいて、聞いていたりします。実際、「あの人は今、たいへん。この人は楽しみなことがある」など、状況を把握していたりします。人間の話がわかるからとグチなど聞かせるのはNG。ストレスいっぱいにならないように配慮を。

キキ

愛らしく、ちょっとワガママ。その自分勝手なかわいさに見とれ、人間はつい甘やかしがち。小さいときからいろいろなことになれさせて、マナーのよい、うるさ型のおしゃれさんに育てましょう。だっこばかりしていると、上から目線のコになるので注意。長めに母わんこのもとにいたほうがよいタイプ。

ジュン

のんびりおっとりしていて、人のよいコです。物事をあまり把握していなくて、おかしを仲間に取られてしまったり。それでも怒らず、「あれ？」という顔で人間を見上げたり。ひとつふたつ、これだけは嫌いとか、このごはんは死守とか、ガンコに守るものがありそうです。当人の気持ちを可能なら尊重して。

チャチャ

いつも元気に遊んでいます。生まれたときの環境などにより、年上や友だちのあとを付いて遊んでいる年下気質のコもいれば、甘え上手で要領よく、賢く抜け目なく、人間の行動パターンを覚えて先回りするコも。どちらにせよ、人間のいうことやルールはちゃんときくように養育を。だっこ散歩ばかりはNG。

グウ

名前通りによく眠り、食べたいとき、のっそり起き上がってきて食べ、眠ければ寝ていたり。神経をとがらせて生活している人間は「これでいいのだ」と癒されそう。学習や達成には興味がなく、最低限のルールだけ覚えればOKかも。人間の子供や他の動物にはやさしく鷹揚に接し、小さなコを守ったりも。

チャオ

元気で活発。ひとりで遊んでいるかと思えば、年下の面倒を見ていたり。やや気まぐれでもありますが、比較的、手はかかりません。譲らないときは、不公平を感じたとき。理由のありかをきちんと見つけてあげましょう。大好きな遊びに熱中しているときは、あきるまで楽しませてあげると、大満足です。

チャッピー

明るく純情な愛らしい性格。好奇心旺盛にいろいろな物事に興味を示します。単純さがあり、それがプラスにもなれば、学習などにはマイナスにも。遊ぶことは大好き。友だちをいっぱい作ってあげて。素直でやさしいので臆病さが出ることも。多くの体験をセーフティにさせて自信をつけてあげましょう。

ノル

大人っぽく周囲に影響されない雰囲気。独自の世界があるかのようで、人間でいえばひとりチェスなどを楽しむタイプ。年下の後住犬の面倒は適度に見ますが、好みではありません。日々の生活時間の割り振りや散歩など習慣は守りたく、人間にも約束を守ってほしいと思っています。単独でいるねこ的な面も。

ナル

無邪気にひとりで遊んだり、仲間と遊んだり、素直でかわいいコです。マジメな優等生で、学習をするときちんと学びます。教わったことを守り、仲間にも教え、少々うるさ型のよき先輩となるでしょう。食べ物や好きなものを仲間に譲るなどストレスをためる面も。ハンドタッチや感謝を告げるなど配慮を。

チュー

無心に遊んでいるかわいいコです。実は人間家族に迷惑をかけないように、様子を見て遊んでいます。また、人のことをよく見ていて、その人が元気か元気がないかなど感知しています。一生けんめい気づかいしているので、寝る前は落ち着いた雰囲気でハンドタッチを。「ありがとう」の言葉も忘れずに。

ノン

どちらかといえばひとりでいるのが好きで、仲間と遊ぶのは気が向いたときだけ。デリケートでときどき落ち込むことも。自分のことは自分でじっくり考え、慎重に行動。一度体験したことを記憶に留め、学習します。最初の体験はイヤな記憶とならないように、少しずつなれさせ、楽しいものである工夫を。

ネオ

スッとしていておすまし。高尚な雰囲気です。プライドが高いので、学習すると必ず達成したい、仲間より上手になりたいという思いが湧き出ます。失敗したり、なかなかうまくできないと落ち込みます。そのとき人は、当人が喜ぶ励まし方の探究を。いつも優位に置くことで、よさが発揮されるタイプです。

テン

マイペースで自由なユニークな存在。友だちがいてもひとりで大好きなことをしていたり、突然友だちと熱中して遊び出したり。散歩は楽しみで、存分に外の情報を収集したり、虫や花など外の世界を楽しんだりします。抜け目のない賢さもありますが、学習は好みでなく、当人的にはマナーだけで十分のよう。

わんこは服が好き？　1

最近は服を着たわんこがたくさんいます。疑問を感じている方もあるようなので、<アニマル　コミュニケーション>的な考察を含めて少々。

寒がりわんこ、雨嫌いわんこ、皮膚病がある、包帯をしている、皮膚が薄い、夏のアスファルトの熱さには靴……など、生理的な理由やわんこの好みによって、服が役立ちます。

被毛を枯れ草だらけにするなど汚したくない、土の上を転げ回って、他の匂いを被毛に付けてほしくない、部屋中を毛だらけにしてほしくない、といった要望にこたえ、衛生を保つものでもあります。

ヒビキ

スマートで賢いコです。全体をしっかり見ていて、人間、仲間、ひとりひとりの個性もよく把握しています。そのため、何かあったときなど先回りして、場を制御することができます。逆をいえば抜け駆けやひとり占めもできます。リーダー的なセンスをもっているので、よき指導者、よき先輩目指して養育を。

フィル

活発で賢くスマート。努力する姿は見られたくなくて、陰で努力するタイプ。涼しい顔で客観的立場を保っているようですが、家族全体をよく見て気づかっています。家族のバランスが崩れると、自分がすることを考え、実行します。なじまない後住犬が来たときも自分が努力してなじませます。ストレスに配慮。

フェア

周囲にやさしく、優雅なふるまいが魅力です。その実、熱いものを秘め、絶対譲らないものがあったり、「これだけは自分がナンバー1」というプライドもあります。いうなれば、賢くきびしく、国民から慕われる女王気質。若者たちの先生としても合っています。誇り高いわんことして扱うと、力を発揮。

ビンゴ

活発で、名前通り、中央を射抜くような賢さと鋭いカンがあります。リーダー的素質もありそうです。賢いので人間が裏をかかれてしまうことも。出し抜くタイプだとしたら、24時間目が離せません。人間と遊び、生活し、ホメられる楽しさを伝えてあげましょう。そうすれば、人間を助ける素晴らしい相棒に。

プータ

よく遊ぶかわいいコです。友だちが好きで、ひとりっコより、わんこ家族がいるとよさそう。とくに兄弟が同居だと喜びそうです。怖いことがあると、あわてたり固まってしまったりしますが、外によき先輩わんこがいると尊敬し、見習います。イタズラ好きなので、家の中を危険がないように整えましょう。

ブル ♥

突然突進してきたり、周囲もかまわず高いびきも。食べ物と寝ることが大好き。イヤなことは面倒で絶対パスですが、好きなことなら気軽に行動。ストレスに弱く繊細な面をマイペースな態度で自己防衛。限界を超えるとハイテンションに。後住犬が苦手など家族にいえないイヤなことがあると心隠して忍耐も。

ブン

とっつきは悪いのですが付き合うと味があります。人間でいえば「イヤなやつだなぁ」と思っていたら、「けっこういいやつじゃないか」という感じ。正直で真っ直ぐでガンコ。丸太のような重さがあり、イヤとなると地面に座り込み。人間の思う通りにはなりません。全部を受け入れ気長に付き合いましょう。

マイ

聞き分けがよく、賢いコです。ガンコなところもあり、「これだけは自分のやり方でやる」というものあります。食べ物にはこだわりとランキングがあり、Aをもらえるはずのところで格下のBだったりすると、とてもがっかりします。人間は、このときはA、このときはBと約束したら、それを守りましょう。

ポチ ♥

昔ながらの名前。自分の好きなことを無心にする愛らしさがあります。やきもちや食い下がりはないので、学習や上達にはあまり興味がありませんが、独占もしません。人間の愛情が後住犬などに集中すると、寂しさを抱えつつ、訴えもせず迷惑もかけず、ひとり遊びしています。そのやさしい心根を感じて。

ペチャ

愛嬌のあるかわいいコです。怖がりで気弱なところ、したたかでちょっとズル賢いところ、作戦が甘くて失敗してしまうところ、いろいろな顔をもっています。仲間と遊ぶのも上手で、強い相手には「負けるが勝ち」をして譲るなども上手です。穏健派で、ケンカは仲間同士でも人間同士でもイヤなのです。

マオ

しっかり者で自主性があり、かなりガンコ。学習がうまくできず、「またあしたに」というと「まだやる！」とがんばり、そこから動かないタイプです。後輩には適度に見本を示しますが、人の世話より自分の能力アップ。濡れた道など苦手がありそう。無理強いするとさらに嫌いになるので、必要なら工夫を。

ポン ♥

臆病な面もありますが、だいたい自分中心。人のいうことなどおかまいなしに、好きなことを続けています。キャパは少ないので、好き嫌いをしますが、それは自衛本能なので認めてあげて。他の動物家族が来てもあまり気にしませんが、ときどきひとりのときにエコひいきをしてあげると、とても喜びます。

ペペ

愛嬌のあるかわいいコですが、かなり賢く、したたかです。人間の様子などをよく見ていて、あの人はどうすればおかしをくれるかなど、よく知っています。ごほうびがあると、学んだことなどが上手にできるという面もあるので、ごほうびの活用を。駆け引きのうまさに感心し、かわいいからと甘過ぎはNG。

マジュ

かわいらしく、おすまし。大切にされることが好きなプリンセスです。かわいいからと甘えさせ過ぎには注意。養育により、しっかり者に成長し、マナーなどのよき教師となる資質も備えています。きれいな服を着てマナーやダンスなどの教室に通うと、お嬢様教育に。当人の意識もグンとアップしそうです。

前のわんこも同じ犬種。ボク、二代目なんだよ

ミミ ♥

愛らしいコですが、やや臆病。怖くて甘えてくる愛らしさを受け入れてばかりいると、自立した大人のわんことなる成長のチャンスを逃すので注意。何かができたときにホメると、それをがんばって学びます。名前の通り耳はデリケートに扱い、耳のマッサージも◎。小学2年生の女の子のように向き合って。

ミック

賢く、判断力をもち、自分で考えて自分で行動します。ひとりでいるとき、人間家族といるとき、仲間といるとき、自分が何をしたらいいかわかり、その場にベストとなることをします。何も考えず、無邪気に遊びに集中しているときは至上のとき。大好きなことが屋外にあるなら、外出チャンスを作ってあげて。

マロ ♥

貴族的で、足が濡れるのやデコボコの道はイヤ、このお洋服は嫌い、なれないごはんはダメ、苦手な環境はいつまでも苦手とか。繊細さは生来のものなので可能な点は受け入れて。苦手を強いると元気を失い体調不良にも。ただし、甘えさせ過ぎ、すぐに抱き上げるとわんこの手中に落ち、内弁慶となることも。

ミク

かわいいコです。物事を覚えるのはゆっくりなので、ペースに合わせ、じっくり付き合い、学びを手伝いましょう。学ぶことは嫌いではなく、できることやわかることが増えるほどに自信がつき、楽しくなります。できたことをとても喜ぶので、笑顔を向けられたら笑顔を返し、気持ちを共有してあげましょう。

大好きなものはなあに？

＜アニマル　コミュニケーション＞では、「うちのコは食べ物では何が好き？　何をしているときがいちばん楽しい？」という質問を多く受けます。

大好きな食べ物をきくと、ごほうびおやつの他では、誕生日ケーキを見せてくれるわんこが多いです。

最近はわんこにも誕生日ケーキをあつらえてくれるおうちが増えています。骨型とか、丸いお城みたいな形、お花やわんこの顔で飾ったものもあります。

わんこはこのケーキの形を如実に覚えています。

愛犬家でない方から見ると「なんで犬にケーキ？」と思うかもしれませんが、わんことしては、単純にケーキがおいしかったというわけではないのです。

わんこの心の中では、家族が自分中心に集い、自分に目を注ぎ、互いに笑い合い、最高の笑顔を見せてくれる最高の時間なのです。

わんこはこの時間ごと、ケーキの形をはっきり記憶しています。みんなのそばにいられる時間があと少ししかないわんこも、その映像や明るく楽しいその日の雰囲気を見せることが多いです。生まれてきた日々の中の最高の記憶、勲章、宝物なのです。

ですから、わんこにケーキをあつらえるというのは、意味ないことではないのです。

ララ ♥

陽気でノウ天気な愛らしいコ。周囲のことを何も感じていないように見えるのは、繊細さがあり、マイナスを受けないようにしているから。気ままにダンスなど踊っているときは、まさに受け流し中か人間家族に流れるマイナスの空気を一掃中なのかも。カチカチの英才教育は合わず、遊びから自然に学びます。

モモタ

明るく愛らしく、遊び好きです。何があっても楽しむことが優先。いつも遊びに集中しています。本当は怖いことを知りたくないから。恐怖でおびえてしまわないために、楽しいことに集中しているともいえます。いったん怖いと思うともとに戻れなくなるので、慎重に。家族の暗い雰囲気やケンカもNGです。

ムウ、ムー

おっとりしていて、いつも寝ていたり。仲間に何か取られても怒らず、誰かのあとを何となく付いて遊んでいたり。そののんびり感に癒されます。とはいえ芯の強さを秘めています。マナー違反の暴徒には、自分より強そうでも勇敢に立ち向かうタイプです。子育て上手で、パピーの世話や教育は大得意かも。

モンド

穏やかでおっとりしていますが、強いものを秘めています。あんがい陰のまとめ役で、仲間から一目置かれる存在。人間には従順で、弱者にやさしく包容力もありますが、わんこ社会と仲間にはきびしく、無言の押しが強烈。人間に対してもNOといったら譲りません。無理強いはNG、拒否の理由を見つけて。

リー、リイ

愛らしくおしゃれなコです。お気に入りのカフェなどでホメられるとい い気分です。少々怖がりで、雷の音におびえるなどとても嫌いなものがあります。食事には好き嫌いもあり、こだわり屋です。自分本位のように見えますが、けっこう人の気持ちを感じているので、マイナスな気持ちを吸収させせないよう注意。

メイ ♥

やさしく繊細。控え目にみんなを見守っているような面があります。家族を守るために、家族の不安を引き受けてしまうことも。妙にガンコなのは、当人なりの理由で「それだけは維持したほうがいい」という気持ちからかも。何かどうしても譲らないとき、当人の直感を信じたほうがいいときもありそうです。

カフェにきたので、おすまし。ちょっと緊張

リン

繊細さ、神経質、利かん気、気の強さ、カンのよさがあります。人間が安易にウソをつくと、いうことをきかなくなります。雷などイヤなものにあうと、ヒステリックに興奮してしばらく不安定になることも。日頃からハンドタッチなどで安心時間を与えて。ホメられ感謝されること、きれいなお洋服が大好き。

ルル

愛らしく、あれこれ興味を示しますが、怖がりさんです。怖いものの正体がわかると安心し、世界が広がります。マナー教室などはまずまずのよう。同様におしゃまでやや怖がりのコを見つけ仲良しに。小学2年生の女の子のように接して。強引で粗暴な人やわんこはイヤ。後住犬がきたらややエコひいきを。

レン

遊び好きな元気なコ。元気過ぎて困るということがないよう、やっていいこと／いけないことはちゃんと覚えてもらいましょう。おやつでのしつけがきくかも。賢く、人の先回りをするコもいます。その賢さや目の表情のかわいさについニコッとしてしまうと〝負け〟です。一度負けると上位奪回はかなり困難。

ルミ

かわいく賢い優等生。人の気をよく読みます。甘えさせ過ぎると甘え上手になり、ズル賢さも発達。おばあちゃんが必要以上にかわいがるなど、人間家族内でルールが異なると使い分けます。その結果、おかしをもらい過ぎておなかをこわしたり、他の仲間と遊べなくなるなどの可能性も出てくるので、配慮を。

レイ

おしゃれで自分なりの考えがあり、ひとりで行動しようとします。強さや強情さもあり、リーダーシップを取る資質もありそう。母わんこから早く離れた場合は、しっかり社会化など学習を。よき先輩わんこと仲良くなると急激に成長も。走ったり人間と遊んだり、競争的なゲームをするなど、大量の運動を。

ロン

適度に賢く、日々を過ごしている感じですが、実はよく人間を見ていて、バランスの調整係をしています。そんな素振りは見せませんが、当人としては、人間に気付かれないほうがいいのです。人間のすすめは何でもやりますが、気が入っていないものは無理をしているので、不要なら止めてあげましょう。

わんこは服が好き？　2

「かわいい！」といわれることが好きなコは、かわいい服を着て散歩に行くと、道で会った人たちが「かわいい！」といってくれるので、それが嬉しくて服が好き、ということも多いです。

お気に入りの色や柄、服があるわんこもいます。「この服はイヤ、こっちを着るの」と自分でもってくるわんこもいます。

ですから、一概に「わんこに服は要らない」と考えることはないと思います。

ときどき、肩や股関節回りがきつくて運動を阻害されているわんこを見かけます。体にらくな服であることを心がけてください。

人気の名前 §15

大好きな音楽やスポーツといつもいっしょ

大好きな音楽や
大好きなスポーツシーンに
登場する言葉。
リズム感や躍動感にあふれ、
聞くたびにワクワク。
そのときの楽しさが
伝わってきます。

アクセル

元気で怖いもの知らず。冒険心も旺盛で、リードを離すと、ひとりでどんどんどこかに行ってしまいます。活動的なので、運動量を多くしてあげないとストレスを溜めます。するとイジケの行動や皮膚の問題などに出るので、注意。マラソンをする人の伴走など喜ぶタイプ。アスリートの家族などによいかも。

カノン ♥

おしゃれしてきれいにしていることが大好き、「きれい」とホメられるのも大好き。やや気位が高く人見知りで、初対面の人にはけん制してほえ、進入禁止の壁を作ります。なれた人には愛らしく接し、甘えさせてくれる大好きな人には甘えん坊さん。甘えさせるばかりでしからないと、人間は手玉に取られるかも。

カナデ

やさしく、人や仲間思いです。やや神経質のことも。旅行などで寝る場所が変わったり、食事の器や場所が変わるなどすると、落ち着かないかも。人見知り、わんこ見知りなので、後住犬とはなじむまでに時間がかかりそう。名前の通り音に敏感かも。急に大きな音などしないように、音や雷に関して配慮を。

ゴール

活発で行動的。自分で考え、自主性もあります。ゲームなどに興味をもつと達成や上達好きな性質が出てきて、才能発揮。わんこゲームのときは他の仲間にも教え、リーダーシップを取り、人間と組む場合はきずながどんどん深まります。規則正しい生活、人間の感情に波がなく、言葉にウソがないことが大事。

ターボ

名前通り元気です。怖いものナシで向こう見ず。ひとりで走ってどこかへ行ってしまうようなところも。リードを離せる場所だとしても、目が離せません。力があるので、元気なよき相棒となってもらうには、人間の速度で散歩できること、どんなに遠くにいても「おいで」の合図には必ず従うことの練習を。

スパイク

自主性があり、ひとり遊びができます。何かをコレクションしたり、寝床を自分好みにアレンジするような指向の強さもあります。人、仲間、食べ物他に関する好みの激しさは、考慮できるものはして、そうでないものはなれるように工夫を。ゲームなどに熱中するアスリート的才能を発揮するコもいそう。

サード

賢く、目ざとく、機敏で活発。人間の先回りをして動くようなところがあります。ボール遊びなど人間といっしょにするゲームを楽しむでしょう。活動量が多いので、安全に存分に運動できる屋外に連れて行ってあげましょう。ガンコな面もあり、嫌いなことは絶対せず、嫌いな人や仲間にも絶対近付きません。

タクト

スマートでおしゃれ。すましていますがあんがい苦手が多く、それをさとられるのがイヤ。プライドも高く、無様なかっこうをして練習や克服するのは好みません。苦手の克服が必要な場合は、笑わず、「カッコいいね」とホメながら。しかる量が多かったり、他の動物家族のほうを多くほめるとふてくされます。

ソナタ

おすましでポーカーフェイス。プライドもお高め。にぎやかに遊んでいる仲間に混ざるのも、マナーの悪い仲間にもまれるのも嫌い。距離を空けて高見の見物を好みます。なれないにぎやかな環境には疲れ、そんなとき、人間でいえば高級エステサロンでゆっくりしたい気分。イヤな人のことは絶対忘れません。

ザック

いつも元気で明るいがんばり屋です。ちょっとのことでは弱音を吐きません。よきリーダーや先輩がそばにいると、自分も成長したらあんなリーダーになりたいと思い、リーダーのマネをします。がんばり過ぎて、不調や心配を隠すので、配慮を。寝るときはやさしいハンドタッチで、リラックスを十分に。

ドレミ

素直で元気。がんばり屋の面もあれば、すぐあきてしまう面もあります。好きなおかしなどのごほうびがあれば、学習が続きやすくなりそう。仲間は、好き、嫌い、その中間の区別があり、嫌いなコには近付きません。自分の人間家族が嫌いな家族と話し、待っているのは苦痛な時間。機嫌が悪くなります。

ダート

自主性のあるがんばり屋です。社会化後には強き頼れるリーダーの資質を発揮。そうでないと、競争心旺盛、トップを取りたがるコにも。体力があり活発なので、人間の速度に合わせて散歩ができるように学習を。遊び好きで、ボールなどに熱中すると集中力が途切れないコも。ゲームリーダーもできそう。

サンバ

元気で、自由な気質をもっています。あまり人のいうことをきいていなくて、鉄砲玉のような面もあります。安全のために、「おいで」「待て」「座れ」「伏せ」など、基本コマンドを完ぺきにできるようにしておき、あとは自由闊達さを大目に見るのみ。ダンスやゲームなど、アスリート的センスがありそう。

ブーツ

おっとりしていて、動きもスローモーで、全体にのんびり。おいしいものを仲間に取られてしまうこともあるのに、突進して行って手に入れることも。ときどきガンコになり、絶対譲らず、動かなくなります。恐怖心が強く、トラウマも残りやすいので、無理強いやウソをついてイヤがることをさせるのはNG。

ピッコロ

賢く鋭敏で、動きもキビキビ。人のささいな気持ちも場の空気もしっかり察知しています。ネガティブな雰囲気があると参ってしまうので、先回りしてわざと跳ね回るなどして、ネガティブな空気を拡散。本当は、何も気にせず、いつも元気でいたいタイプです。好きなことを存分にできる生活が大事です。

バディ、バディー

しっかりしていて、地に足が着き、その名の通り、よき相棒となるタイプです。幼いときに能力を磨くようなトレーニングを受けるとますます考える力が増し、判断力が付きます。能力を伸ばしてあげるほどに、人間家族や仲間を助け、生活を豊かなものにし、大きく貢献してくれるわんことなるでしょう。

フォルテ

名前の通り、しっかりした優等生です。勉強好きで、上達や成長を喜ぶコも。その場合はよくホメて、外で習っているなら家で復習もして、応援を。強く真っ直ぐなので、融通のきかない面はあります。いうことをきかない後住犬にひどく怒ったりも。人がウソをつくと、がっかりして混乱し、落ち込みます。

ヒット

活発で、率先して行動しようとするタイプ。敏感で、鳥などの動きにも素早く反応します。しっかりリードをもち、人間から離れないことをきちんと学ぶことが大事です。反応速度が速く、突然何かに怖がることも。日頃からハンドタッチなどをして、「人間がそばにいればだいじょうぶ」という信頼を築いて。

ピーク

熱くハイテンションになるところもありますが、基本的には賢く集中力があります。ただし集中はあまり長くは続かないかも。興味をもったら一気集中で教えると短時間で頭に入り、忘れません。あまり甘えず、自分なりの「よいこと／悪いこと」をもっています。その使い分けで、わんこの気持ちが見えます。

ブルース

ちょっと強気で横柄なところがあり、人なじみはよくありません。後輩のマナーが悪いとしかり付ける先輩のような雰囲気もあります。実際はガマン強く、一本気で、人間家族に忠実です。たとえば家族のパパだけがかわいがると、パパだけに忠実ということにも。家族全員とよい関係を結ぶようにしましょう。

ピット

俊敏で、周囲のことや人間の気持ちなどによく気が付きます。旅行前などにすぐに察知。人間は何かを隠しておくことはできません。小さいときからできるだけ、家族以外の人もOK、どこでも眠れる、いつもと違う食べ物もOKなど、環境の変化に動じないようにならせておくと、人もわんこも安心です。

ビート

元気で活発。遊び好きで、仲間を遊びにぐいぐい引っ張っていくようなところがあります。散歩では人を引っ張らないように、学習をしっかりと。リーダーを取りたいというタイプではないですが、思いのままに引っ張る面はあるでしょう。筋肉に無理をさせないように。変な歩き方をしていないか注意を。

ベル♥

昔ながらの名前。賢く、自分で考えて行動します。長男長女的な面があり、下の動物家族を守ったりしつけたり、子供やお年寄りを見守ったり、母となるとよくパピーをしつけるでしょう。幼いときに甘やかすと、気位高く女王様タイプになることも。達成や上達好きで、ダンスやショーなども上手そうです。

マイル

自分の好きなことがあり、好奇心のままに、ひとりで自由にそれをしています。食事などに呼べば来ますが、あとは気ままお気楽に放っておいてほしいのです。学者、探究者、哲学者的な雰囲気も。気付くと何かをマスターしていたり。名前通り、土地や方向に強く、長距離をひとりで家に戻ってきたりも。

ラリー

活動的で運動好き。単独で、また仲間と、野山や斜面を存分に走ったり、人間とゲームしたりすることが大好きです。のびのびしているので、気難しくて小さい先住犬は苦手。難しく考えず、「運動する、食う、寝る」とシンプルに生きたいのです。しかられて落ち込んでも、好きなことがあるとすぐに元気に。

ポップ

かわいく、活発で元気で遊ぶことが大好き。ポップなアーティストのようなところもあり、ひとり遊び、仲間遊び、遊びを考え出すのも得意です。好きなことに存分に集中することで日々楽しく生きられます。やり方を制限されるものは苦痛です。当人が好まない必要以上の学習は不要。食事は少なめでいいよう。

メロディー♥

自立心があり、好きなものとそれ以外の区別が明確で、好きなものだけ集中力を発揮して楽しみ、それ以外は存在していないかのよう。内面にガンコさがあるので無理強いはNG。お留守番など嫌いなものをさせられると不満を感じます。そのためにイタズラなどするときは、プロなどと相談して早期解決を。

ロック♥

いつも元気。強く厳格、慎重でしっかり者のリーダー気質の面もあります。よいコほどがんばり過ぎてしまうので、お願いや期待はそこそこに。自然の中で自由に気ままに遊び、のんびり過ごす解放的な時間を作ってあげましょう。「人間に甘えていいよ」と伝えるために、寝る前のハンドマッサージを習慣に。

マーチ

わりあいしっかりしたコ、かなりいたずらなコの両方いそうです。いずれも自主性あり。前者は問題が何か知っていて、起こさないようにしています。後者は自主的にいたずらをして遊んでいます。そのとき追いかけ回すと「レッツ・プレイ!」、楽しい遊びの開始となります。人間はつねに凜々しい態度で。

人間家族が代わったコも
保護されたコも
今はみんなしあわせ♡

うちのわんこ2

第2章

ひとつひとつの
音のもつ意味

名前や言葉は
おとだまの
組み合わせ

1音目はそのたましいがもつ響き
―強く聞こえる音も大きな影響力をもつ―

「音」はひとつひとつ、意味をもっています。その音が発せられる物理的事象（ドアの開閉、きしみ音、滑る音、雷鳴、石と石を叩き合わせるなど）、その音が聞こえたときや発したときの身体の状態（緊張、リラックス）などが一致しているのです。そこから意味が生まれ、言葉も生まれます。たとえば「あ」は「明るい、あきらか、開く」など、開放的な音です。「こ」は「込める、こもる、混む」など内包する音。「ふ」は「吹く、笛、ふくらむ」など、息を吹いてふくらます音。意味的な共通感もあります。「ほ」は「炎、穂、帆」。伸びるエネルギーをリードする先端です。「せ」は「背、瀬」。凸側、太陽に当たる側です。

なんとなく、納得するものがあるでしょう。そんなふうに、音を聞くと、世界中の人は似たようなイメージを感じるのです。

「い」は「生きる、命」。「血」は「いのち」の「ち」というように、言葉は音の意味と組み合わせでできています。

「おとだま名前占い」は、そのように1音ずつを組み合わせ、名前の全体像から、名前のもつ性質を推理しています。

名前を考えるとき、もっとも大切なのは、「1音目」です。「マック」なら「マ」、「ピース」なら「ピ」です。名前の〝たましい〟となる音です。

次に大切なのは、強く聞こえる音です。たとえば「ユタカ」の場合、「ユ」を強くいう地方もあれば、「タ」のほうを強くいう地方もあります。強くいう音もまた、性質を築くうえで大きな影響を与えます。

第1章に掲載されていない名前はこの第2章を参照して、どんな性質になるか推測し、そのわんこにふさわしいよい名前を考えてみてください。

応用編として、強くいう音を意識的に変更することで、性質や相性に変化を与えることもできます（148〜149・156〜157ページのカコミ参照）。

◆1音目＝たましい音

その名前の“たましい”ともいえる音。名前に大きな影響を与えます。いちばん大切にすべき音です。

◆2音目＝サブたましい音

「たましい音」を補佐したり、追従したりする音です。「たましい音」とセットで大切にしましょう。

◆強く聞こえる音＝ブレンド音

「たましい音」にブレンドされ、性質の構築に影響を与えます。強く聞こえる音ばかりが聞こえる名前だと、「たましい音」の性質は外から見えづらくなります。また、「ブレンド音」が“外に見せる顔、外向的な顔、外面”となることもあります。呼び方や呼び名により、強く聞こえる音が変化します。

◆止め字＝表現音

「○○ロウ」「○○コ」「○○ミ」「○○エ」など、名前の最後の音です。(「サブたましい音」や「強く聞こえる音」と同じ音の場合もあります。) たとえば、「サクラ」「サクコ」「サクタ」では、性質全体に与えるニュアンス、その性質の表現のしかたが変化します。「○○ヒコ」などは、漢字「彦」からきているので、「ヒコ」と2音セットで考慮します。

◆促音＝前後の音を強める

促音の「ッ」が入ると、その前後の音の意味を強めます。「イッペイ」の場合は「ッ」の後の「ペ」が目立って聞こえるので、「ペ」の音の意味が強められ、性質に与える影響が大きくなります。

名前のおとだま　読み解き方

いろいろな例をあげました。これらにあてはめて、推測してみてください。

基本1
- さ ← 1音目＝たましい音
- く ← 2音目＝サブたましい音
- ら ← 止め字

基本2
- ラ ← 1音目
- ブ ← 2音目&止め字

(フータ)
- ふ ← 1音目
- う
- た ← 2音目&止め字

(モモタロウ)
- モ ← 1音目
- モ ← 2音目、ブレンド音
- タ
- ロー ← 止め字

- ビ ← 1音目
- ー
- ト ← 2音目&止め字

- イ ←1音目→ ミ
- ッ ←促　音→ ッ
- ペ ←2音目→ ク
- イ

促音「ッ」の前の「ミ」が強く聞こえるので、1音目「ミ」の意味が強められる

促音「ッ」の後の「ペ」が強く聞こえるので、2音目「ペ」の意味が強められる

- マ ← 1音目
- リー ← 2音目&止め字

50音（清音・"を""ん"を含める）

あ

明るく素直で正直でガンコ。駆け引きなどこの世にナシ、なんでもよいほうにとらえます。ほしいものにまっすぐ突進しますが、仲間の巧みな作戦により、おやつやおもちゃを取られるなど、損もしがち。失敗などから落ち込んだときは、叱るのではなく、長所をホメて励まし、夜はハンドタッチを。敏感な面もありトラウマを作りやすいので、怖がることには配慮。トレーニングなどで自分の世界と自信をもたせてあげて。

い

敏感でカンがよくシャープ。プライド高き自信家です。学習意欲、向上意欲、忍耐力もあります。人の気持ちを見事に見抜くのでウソはつけません。トレーナーの能力が低いと、いうことをきかず、人間家族もつねにルールを一定にしないということをきかなくなります。仲間とのんきに遊べないので、孤独を抱え、ストレスをためると乱暴にも。神経も過敏なので、人間はつねにバリッとしたよき先輩でないといけません。

う

何事も納得しないと動きません。何度も確認し、石橋を叩いては壊し、学ぶと決めたら不屈で、学んだことは一生の宝とします。人の介助などワークドッグにもなれるでしょう。人は絶対、ウソをついてはいけないタイプ。ウソから混乱し、壊れてしまう可能性もあります。不満を外に出すのは苦手で、ストレスをためます。好き嫌いははっきりで、好きなコとだけお付き合い。子育てや人間の子守能力もありそうです。

え

いつも元気でマイペース。好奇心旺盛で、周囲の評価はまったく気にせず、気持ちのおもむくままに楽しみます。芸術家気質ともいえるでしょう。束縛やルールに縛られることを嫌うので、マナー学習は最低に止めて。留守番時間が長いといたずらの可能性も。フリスビーのようなゲームに才能発揮するかも。周囲とは適度にうまくやり、ときにひとりで遊び、自由です。後住犬がきても、自分の自由が確保されればOK。

お

おおらかさと神経の細やかさの両面をもちます。責任感、ガンコさ、しぶとさ、慎重さがあり、人が「これを覚えて！」と願えば苦手なこともがんばります。「きっとできる」と語りかけ、信じ、信頼関係が成功をもたらします。寛大で穏やか、調和を重んじ、みんなに気を配るので、よきリーダー、世話役、先生わんこ、ワークドッグにも。中には面倒見嫌いでよく眠るコ、失敗も愛嬌のおっとり年下系アイドルも。

か

勝気でプライドが高く、意志も自己主張も強烈。パワーにあふれた王／女王様です。競争心激しく、集中力もあり、どこに行ってもリーダーになりたがります。強い束縛や命令を嫌い、放っておくと自己流を覚え、敵を作るので、社会化はとても大切。失敗を笑ったり叱り過ぎは、二度とやらなくなるかもしれないので厳禁。本来は純粋で情熱的な一途な革命家タイプ。よき先生わんこ、人間の頼れる相棒となるでしょう。

き

感覚が鋭敏で人の心や場の雰囲気を見抜きます。そのためかなり神経質で、あまりオープンでないのは自分を守るため。中にはルールに厳しく、違反者をとっちめるような指導的なコも。ピリピリしがちでリラックスは苦手です。ときどきハイテンションが止まらなくなることも。そのときは叱らず、リラックス方法を見つけてあげて。ひとりの時間や大好きなことをする時間は不可欠。散歩などは単独を喜ぶことも。

く

わりあい内向的で、人や仲間と接したり思いを表現したりするのが苦手です。周囲からいじられたくないので、付き合う相手を選び、制限します。楽しい、静か、攻撃しない、守ってくれるといった相手を選び、自分にとって安心で心地よい世界を築きます。忍耐強く、ガンコで強く激しい面もあるので、ときどき抑えた不満が暴発。毎晩のハンドタッチで信頼を築き、安心を与えて。学校通いは楽しいものとなるかも。

け

気の強さ、競争心、プライドの高さ、見栄張り度は50音中のトップ3に入ります。ヘソ曲がりでアマノジャク、目立ちたがり、仕切りたがりの王／女王様です。自分に自信があり、否定されたり邪魔されたりするのがイヤ。ゲームなどを学ぶとトップを取ろうと望み、懸命に練習します。社会化はとても大切。甘やかすとたいへんなことにも。歳の離れた先生わんこがいると従順さとよきリーダーの気質が養われます。

こ

温厚で誠実。調和とルールを大切に、影のまとめ役も努めます。ガンコで、人がルールと違うことをするということをききません。面倒を嫌い、好きなものだけ選んで接近。凝り性だったり、一度嫌うともとに戻らないことも。家族に公平に愛するので、物足りなく感じる人も。気持ちが細やかで、自分を抑えてストレスをためたり、中には愛を独占したい困ったコも。後住犬がきたときは愛情が偏らないように配慮。

さ

「さ」行の中ではいちばん開放的で積極的です。芯が強く、自立していて、年上的な面倒見のよさがあり、年下の仲間から甘えられます。繊細でもあるのですが、あえてあまり物事にこだわらず、おおらかに振る舞っているかのよう。その姿が人間に清々しさを与えます。ときどき思い通りにいかず不機嫌にイライラしたり、日頃のストレスがたまって爆発も。爆発するとさっぱりします。ゲームなどのリーダーの才能も。

し

「さ」行中もっとも感覚や感受性が鋭敏。神経質で人見知りなので何かとストレスをためます。雷や小さな音に反応することも。苦手な人や仲間との接触は避けるようにしてあげましょう。敏感な感覚を生かすことに才能発揮。ダンスや猟など気配や呼吸を読むことも得意で、生き生きと活気付きます。夜はハンドタッチでストレス緩和を。後住犬などが好きになれないと、かなりストレス。後住犬選びは当人に面接させて。

す

心のバランスがよく、忍耐強く安定しています。仲間の世話が大好きなのですが、すぐにやり過ぎてしまうので、あえて静観している面も。でもどうしてもガマンできず、お世話係をかって出ます。先生わんこや母わんこ、人間の子守の才能あり。日課を守ることが大切なので、人間家族は日課維持のサポートを。散歩はとくに大事。人間でいえば、服を着替えて外に出て走るようなルーティーンの運動が不可欠なタイプ。

せ

個性的でガンコ、積極的でパワフル。マイペースで人のことなど関知せず。誰とも仲良くしなくていいから、自分の生き方を通したいタイプです。凝り性だったり、特定のお菓子が大好きでこだわったり、年下わんこがいても人間の愛情を独占しようとしたり。自分勝手で扱いづらく、我を通す姿に逆に「これでいいのだ」と癒されます。マナーができ、コマンドを理解するなら、あとは散歩も何も当人にお任せ。

そ

多くは望まないタイプで、悟ったようなところがあります。ストレスをためたくないので、あえてひとりの世界を築いたり。血縁外の動物家族とは適度な距離を取り、上手に関係を築きます。コツコツと練習して上達するものが好きで、コレというものを見つけると熱中も。ふだんはとても冷静で賢いのですが、ときどきドジな失敗をするところがご愛嬌。ガンコさと優柔不断さがあり、ときどき悩んでしまいます。

た

元気で行動的で世話好き。いざというときは体を張って、大好きな仲間や人間家族を守る正義派の体育会系リーダーです。正直でウソにあうと困惑してしまうので、ウソは厳禁。責任感や役割に忠実過ぎて、人に心配をかけまいと元気に振る舞い、ストレスを抱えることも。本心はやさしく淋しがり屋なので、グチをいうのもNG。静かな時間のハンドタッチを大切に。学習はきちんとやり抜き、よく守り、他に教えます。

ち

とても繊細で不安の強いタイプ。物事にネガティブに反応しやすく、気持ちのキリカエも苦手でストレスをため、ときどき興奮状態が止まらなくなることも。友だちはごくわずか。とても気に入ったコと仲良しに。何かをコツコツと習得するのは得意です。好きなことを見つけて、ホメながら上達を手伝ってあげましょう。無理に何かにならせようとするのはストレスなので厳禁。ゆったりとしたハンドタッチを習慣に。

つ

性格がハッキリしていて活動的です。自分勝手でガンコでマイペースですが、賢く、考えが明確で緻密なので、人間はよほどしっかりしていないと1本取られてしまいます。哲学家、芸術家タイプともいえます。マナーなどを学習したあとは、当人に任せるしかないでしょう。何かをコレクションしたりするかもしれません。仲間とはあまりなじまず、後住犬などがきたときも適度に距離を空け、つねに自由を謳歌します。

て

好き嫌いハッキリ、頭脳明晰。迷わず悩まず、ガンコに突進するユニークな個性です。凝り性で徹底的にひとつのことを続けたり、何かを集めたりすることもあるでしょう。他を気にするなく、こびずマイペースなところが人にとっては大きな魅力。とはいえ人や仲間を嫌いなわけではなく、周囲とは適度になじみ、愛されます。けっこうモテ、「うるいさなぁ」というときと「まんざらでもない」とニマニマするときが。

と

朴とつで正直でおっとり。やさしく人思いで、気さくな面とテコでも譲らないガンコさがあります。物事をじっくり考えてから行動に移すスロースターターです。そのペースを邪魔してはいけません。なかなか実行に移せないときは、素知らぬフリをして待ってあげましょう。反面、何か突然思い付いて行動することもあり、ユニークさが人を楽しませます。気持ちを内に秘め、表現するのが苦手なので察してあげて。

ドッグセラピーは、天性の人好きわんこに

日本でもアニマルセラピーが知られるようになり、高齢者施設や病院などでも活動が広まっています。

「うちのコをセラピードックにして、ぜひ、いっしょに社会奉仕したい！」と考えている方も増えているのはとても素晴らしいことです。

ドッグセラピーは、知らない人たちのところにいって、みんなに元気を振りまいたり、癒しに努めたり、リーダーに従ったり、じっとおとなしくしていたりします。これらが苦手なわんこの家族の方は、「うちのコをセラピードッグに」とは最初から思わないと思うのですが、教育を受けて、すべての課題をクリアして、成績優秀だとしても……。

実は、ちゃんとできるけれど、苦痛を感じているわんこもいます。好きな仕事ではないので、苦痛で、疲れてしまうのです。それでもわんこたちがそれをやるのは、人間家族が「えらいねー、すごいねー」と喜んでくれるから。彼らは、人間家族の喜ぶ顔を見るのが、何より好きなのです。

中には「三度の飯よりアニマルセラピーが好き！」というわんこもいます。そういうわんこがいると知って、私は安心しました。

これからセラピーに行くとわかると大喜びし、自分がいけない日だとがっかりするわんこがいるのです。アニマルセラピーは、そういうわんこにしてもらうのがいちばんです。

な

ひとりで何かしたい気持ち、みんなで楽しみたい気持ち、甘えたい気持ち、孤独な気持ちなどいろいろな気持ちをもちます。社会化ができていれば、だいたいはひとりで考えて進められる世話ナシのタイプ。2、3の友だちと仲良くします。何か「これは自分のもの」と決めていると、取られそうになるとひどく怒ることも。後住犬がきたときなど「世話ナシだから」と存在を少々忘れると、傷付き、ふてくされます。

に

考えや気持ちを外に出しませんが、内に独自の考え方があり、妥協しません。仲間に混ざるより、ひとりでいるほうが好きというニヒルな面も。人にやさしくしてもらうと嬉しいのですが、他の動物家族にヤキモチを感じていてもうまく表現できません。そのへんを理解し、ひとりでいるときに遊んだりハンドタッチを。学習はあまり好みません。大好きなおもちゃがあるなら、その気持ちを尊重し、独占させてあげて。

ぬ

周囲など存在しないかのよう。もくもくと穴を掘るなど、やりたいことを延々と続けています。人の言葉もあまり関知せず。散歩など外の新鮮さや刺激は好きで楽しみます。友だちも大好きで、「友だちがたくさんいる」と思っているのは当人だけ、周囲はそんなに歓迎していないことも。でもそれでOK、自分の世界を存分に楽しんでいます。人は「他人の望み通りにはならず、自由に人生を謳歌する姿」を楽しんで。

ね

頭がよく、自分の考えを強くもち、行動力や実行力もあります。どちらが有利かすぐに見抜き、望んだものは必ず手にする王／女王様です。甘え上手で、願望を達成するには誰に何を頼めばよいか熟知。つい甘やかしてしまうとあとがたいへんです。上達、成長、発展欲も強く、他よりうまくできなかったり、負けたり、好きなコを他に取られたりすると悔しがります。後住家族がきたときは、ややエコひいきが必要です。

の

タフでマイペース、一筋縄ではいかないガンコ者です。自分が「コレ!」と思うと絶対譲らず、ほしいお菓子やおもちゃなどにはガンコにこだわります。寝ているかと思うと、突然何か思い付いて突進したり。そんな予測不能型なので、社会化やルールの学習は不可欠。しっかり覚えてもらいましょう。食いしん坊のこともあり、年下からお菓子など取ってしまうやんちゃなコもいれば、年下や弱者にとてもやさしいコも。

は

パワフルな「は」行の中でもとりわけ活動的。熱血で裏表がなく、悩む前に行動します。独立心旺盛で統率欲の強い体育会系リーダー気質。行き先で出会った全員のリーダーになろうとするので、社会化とマナー学習が大事。人の心を読み、責任感が強く、「周囲を明るく励ますことが自分の仕事」と感じている面もあり、周囲に気づかいストレスを隠すことも。ときどきひどく落ち込んだときは、思い切りやさしくして。

ひ

「か」「け」と並ぶ非常に強い音です。活発で前向き、強い意志、頭脳力、行動力、指導力をもつリーダー格のうえに、気性が激しく、ワガママでガンコ。強烈な力の使い方を知らないとストレスをためて乱暴に。社会化とマナー学習が大事です。ウソを見抜き、人間がルールを守らないということをきかず、尊重しなくなります。おっとりした甘えん坊もいますが、突然、爆発も。シットや怒りを噴火させたら誰より強烈。

ふ

心をあまり表現しないので、周囲は何を考えているのかわかりません。忍耐力があり、がんばり屋で、人の気付かぬところで家族や持ち場を守っていたりします。学習などが気に入ると、不屈の精神でことにあたり、ものにします。何かのときはその黙々と努力する姿に、人は後押しされるでしょう。気性の激しさを秘め、誠実で頑固で潔癖です。人が約束を守らないと失望し、長期にふてくされてついに爆発も。

へ

集団行動は大キライ。人の評価も顔色も一切関係なく、わが道をいく偏屈な個性派です。ヘソ曲がりともいえるほど凝り性でガンコ。いつも同じことをして、それのプロになってしまうことも。独断で行動して自由を楽しむので、マナーや最低限の約束ができれば、あとはお任せ。失敗してもフラれてもめげずに突進し、機嫌が悪いと大爆発も。本来は純粋で、人の心の機微にうといので、うまく扱われてしまうことも。

ほ

見た目はおっとりしていますが、本性はプライドが高く、ガンコで完璧主義。自分がいる場所はどこでも統括したがり、集団が一糸乱れぬ感じが好み。世話好きというより、目を光らせて厳しくチェックするリーダーです。人であろうとルール違反は容赦せず、人がいい加減なことをすると、いうことをきかなくなります。目的をもち、上達、達成するのが大好き。ショーやゲームなどでも怖いリーダーとして活躍しそう。

つぶらな瞳は何を夢みる？
人間のママは今はお空に。

ま

人あたりがよく、甘くマイルドな雰囲気をもつ社交家です。内心はかなり強くキツく負けず嫌い。望んだものは必ず手に入れます。生来の甘え上手で、甘えで相手を使える頭脳派なので、人間はうっかりすると取り込まれてしまいます。中には母わんこの包容力をもつ子育てが上手もいれば、ただおっとりしていて優柔不断な人（?）のよいコもいます。社会化ができていないと、物事が理解できず興奮しやすくなるコも。

み

「み」は甘えん坊代表。おねだりなど甘え術に長け、すべてを思い通りにしたいと願い、甘えで人も周囲も上手に動かす姫様です。実際の性格はキツく、意志も競争心も嫉妬心も強いがんばり屋。自らの努力で、目標は何としても達成、ほしいものは必ず手にしますが、得るとあきてしまうワガママさも。社会化後、当人がどんな魅力を周囲に見せるかを楽しんで。社会化がうまくいかないとヤキモチがきつかったりも。

む

外との関わり方や自分の立場がわからず、気持ちが内に向かい、妙にガンコになり、ムキになって自己主張したり、引っ込んだり。まずは社会化です。人間家族は、仲間や他の人間と接せられるように手伝いを。次は何かを学ぶことです。人間家族は励まし、応援を。何かができるようになると自信がもて、自分の立ち位置がわかるようになり、野心も生まれます。音などが出るので怖がる物事には、実態を理解させてあげて。

め

強くて強情。自分の考えを徹底的にマイペースに通します。積極的な頭脳派で、自分は何ひとつ動かず、周囲を動かす取り締まり役的な能力があります。中には、その能力に到達せずに優柔不断で周囲の影響を受けやすいコ、怖さがわからず、夜の荒海にひとりで小舟を出すようなコもいます。社会化の次は、年上の信頼できる先生わんこの存在が望まれます。学校が好きなら、ずっと通っていてもよさそうです。

も

内向的で考えや感情を外に出しません。そのためもやもやして混乱したり、仲間のマネをしているうちに興奮してしまうことも。社会化がうまくいくと、現実的で常識的なよき動物家族、忍耐強く後輩を教えるよき先輩わんこに。そのときには、自分が納得したこと以外では動かないスロースターターに成長。底力もあり、がんばって目標を達成する力もあります。何かができると嬉しくなるので、喜びを共有して。

や

包容力、決断力、行動力、エネルギーがあり頭脳明晰。リーダー、影のリーダー、リーダー補佐のいずれかを勤め、人間家族もよく支えます。熱血行動型とおっとり型があり、前者は前向きにがんばるハリキリ屋、のびのびしていて思い込んだら一直線。後者はじっくり考え、納得後に行動。両者とも自己成長や目標達成を喜びます。曲がったことが嫌いで、人間のルール違反は混乱のもと。犠牲的精神も旺盛なので配慮。

ゆ

優しく優雅な王子／姫の雰囲気。感情的に優柔不断になりやすい分、理性的でクールな面を発達させます。関係の面倒を嫌い、あまり周囲とは打ち解けず距離をおきます。困難にあうとすぐに助けを求めたり、いじけたりくじけたりしますが、最後に現れる芯の強さや強烈さはなかなか。強さ、ガンコさを秘め、いざとなると絶対譲りません。いちばん楽しい時間は、好きなことや得意なことを黙々としているとき。

よ

考えも行動も軽いタイプと強烈タイプがいます。後者はガンコで意志強固。ルールなどもよく理解し、自信があり、ルール違反の仲間や人間家族などに働きかける力も強烈。後ろからコントロールして仕切ることを好み、物事を思い通りに運びます。強情で自分が違っているとわかっていても譲れず、衝突も。一度イヤなことがあると修正不能なので最初の体験が大事。軽いタイプも自分の能力を知ると強烈タイプに変身。

ら

華やかでハデで人目を引きます。意図して目立つように振る舞っている王／女王様です。ひとりで考えて行動し、新しいことが大好き。コツコツと学ぶようなジミなことは嫌いであきっぽさもあります。プライドが高いので失敗を笑ってはダメ。二度と挑戦しなくなります。仲間に憧れられる人気者ですが、周囲とは距離をおき、ベタベタしません。ショードッグなど合っていれば、勝って称賛を得るためにがんばります。

り

神経が繊細。ピリピリしがちでいろいろなことが気になります。怖がりにならないように社会化をしっかりと。周囲に自分からなじんでゆくのは苦手なので、幼いときからいろいろ慣れさせ、友だちも人間が意識的に作ってあげて。自分であれこれわかるようになると自信が付き、学校に長く通うことも自信につながります。自分の世界をもてないとシット深くなったり、理屈っぽく反発したり、競争好きなど、問題が。

る

日常のことは自分で考えて行動でき、自信もあります。目標ができると努力してものにするがんばり屋です。理知的で頭の回転も速いのですが、内向的で、もてる才能を外界に生かす方法がわかりません。人間は仕事などを任して才能発揮のお手伝いを。潔癖で完璧主義なので、仲間から孤立したり、人間がルールを守らないと混乱も。ストレスや寂しさを抱えたときの解消も苦手なので、人間はよく観察してサポートを。

れ

ハデで目立ちプライドも高く、自己表現こそが生きがい。「目立つ、注目される、トップに立つ」という思いが強く、ショーなどの道を歩めば上達や達成を目指してがんばります。心が強くガンコで、独占欲や競争心も旺盛。しっかり教育しないと独断的になり、甘やかし過ぎるとたいへん。一方、気まぐれで情熱が急に冷めたりも。人間はよくホメ、きちんと叱り、ルール厳守で。後住犬がきたときはエコひいき気味に。

ろ

自分なりの論理や哲学があり、その考えを通して、自由に好きなことができていればOK。周囲から見るとひとりが好きなように見えますが、人や仲間嫌いではなく、接してみれば友好的です。敏感でカンのよさもあるので、周囲に面倒な関係やいざこざがあるとストレスをため、解決法がわからず孤独になることも。いつもいうことが変わる人やヒステリックな人には近付きません。散歩やアウトドアで遊ぶのが大好き。

わ

明るく広い心をもち、「和、輪」を地でゆく器の大きな正義感。世話好きで、自分の利益よりみんなの利益を求め、人間動物問わず弱者を守り支えます。統率のリーダーではなく、温かく包む守護のリーダー。人間が苦しんでいると励ましてくれ、人間のほうが磨かれます。みんなのためにがんばり過ぎてストレスをためていることも。夜は労いの言葉とやさしいハンドタッチを。自然の中でのびのび遊ぶ時間が大好き。

を

1字目にはならない字です。現在は発音は「お」と同じですが、〝用いられ方〟が異なるので、内容もだいぶ異なります。「お」と比べてより思索的、哲学的、慎重です。リーダーとはならず、周辺に控え目に位置し、みんなを遠くから見渡しています。自分の考えがあり、どうしてもイヤなことなどがあると革命的な行動を起こしたりも。周囲はその強さ、一徹さを知ると、一目置くように。学習能力は高いタイプ。

ん

「ん」は日本語では名前の1字目にならない特殊な音です。口を開いて息を吐く「あ」が「陽」なら、口を閉じ、息を吐いて発音できれば息をのむこともできる「ん」は陰。「終わり、そしてはじまり」を意味します。「ん」が入る名前は周囲に休息やキリカエをもたらし、「りん」「しん」などでは「ん」の前の「り」や「し」の音を強調。「ん」終わりの名前は、尻切れトンボ、「それ以上発展しない」ということにもなるので注意を。

濁音

が

強い意志と闘志を秘めます。しっかり自分を築き、文字通りガンコ。集中力があり、熟考し、決めたら動き、あるいはガンとして動きません。ふだんはカンの強さのようなうるささを見せませんが、いざとなると情熱の炎が外に出ます。石炭で走るSLの機関車のような強さです。リーダー気質があるので社会化は重要。信頼できる相手からだけ、じっくり学びます。人間の頼れる相棒、そして子供を守るよき子守にも。

げ

自分の心を強くもっていて、強気で、自信があります。ガンコで戦車のようなパワーがあり、ひとりで考え、ひとりで行動できるので、社会化はとても重要。社会化がうまくいかないと自己主張を強くして、いうことをきかなくなることも。人間の強きリーダーや先生わんこを得て、従順さを学び、チームプレイができるようになると、幼稚園や広場などで、人の手助けをしてくれる立派なお目付け役となりそうです。

ぎ

自分なりの論理や哲学があり、その考えを通して、自由に好きなことができていればOK。周囲から見るとひとりが好きなように見えますが、人や仲間嫌いではなく、接してみれば友好的です。敏感でカンのよさもあるので、周囲に面倒な関係やいざこざがあるとストレスをため、解決法がわからず孤独になることも。いつもいうことが変わる人やヒステリックな人には近付きません。散歩やアウトドアで遊ぶのが大好き。

ご

温厚でまっすぐで強情。自分のおもちゃを取られると何としても取り返したかと思うと、子供やパピーに取られたときはだまって貸してあげたり。世話は面倒なので嫌いですが、〝いいやつ〟です。好きなことをしているようで、あんがい全体を見ていて仲間のはみ出しを防止。一度嫌うと二度はナシとなりがちなので、お医者さんなど慎重に。不意打ちは逆効果につき厳禁。気持ちが細やかで、全員を公平に愛する面も。

ぐ

内気に見えますが、そうではなくて、自分の中の世界に忙しいのです。好きなことを黙々としていて、人や仲間と接する時間はもったいないかのよう。他をあまり意に介していません。社会化ができていれば、他と親しくしないだけで、ケンカも望みません。学者タイプなのです。毎晩のハンドタッチから、人間への愛と信頼を感じます。苦手な勉強などを押し付けると、そのものばかりか、その人までイヤに。

お留守番もボールも
あきた～。寝るしかない

ざ

芯が強く自立していて、自分で考え自分で行動。言葉?に重みがあります。年下や後住犬にとっては威圧感もあり、よきまとめ役に。鬼教官的怖さもありますが、いつも態度が変わらないので、仲間から信頼されます。人間のよきパートナーでもあり、人間が留守のときなど他のわんこをまとめます。ストレスもためるので、不機嫌になったら思いきり走らせるなど運動を。高度な学習もよく耐え、ものにします。

ず

少々変わり者です。ガンコで、誰にもかまわれずひとりも平気というように、黙々と好きなことをしています。自分の世界だけかと思うと、妙にカンのよいところもあり、周囲で起こることはあらかた把握しているようです。周囲に誰がいても何のそのマイペースながら、自分の寝床とごはんだけは譲れません。興味のない学習はせず、行きたくない学校などに行くと、何とか自分の楽しみを見つけ、それをします。

じ

何かを観察したり集めたり、好きなことに没頭し、独自の道を行くタイプ。大好きなわずかな仲間には子供のように心を許しじゃれ合いますが、それ以外とは適当な距離。それなのに妙に蝶や野鳥とは自然になじみ、仲良かったり。成長欲はあまりないので、勉強は最低のことだけに。苦手なことはストレスなので避けてあげて。猟や穴掘りなどに職人技のような生来のカンを発揮することも。自然の中の生活が大好き。

ぜ

個性的でガンコ、底力と大リーダーの力を秘めます。ワークドッグの能力もありそうで、とくに人の災害救助には才能発揮するかも。このわんこと暮らすなら、腹を決め心構えを。わんこに信頼される立派さ、誠実さ、信頼感が求められます。責任感があり、群れをまとめ、人間の子守もよくします。年下にはよく教え、年老いた家族はやさしく助けます。自分が必要なことを覚え、ゲームや勝利には興味をもちません。

ぞ

好きなことができれば他は望まず、悟ったかのように、黙々と自分の世界を築いています。苦手なこともストレスをためることもやりたくありません。新人がきたときは、時間経過となりゆきに距離感を委ねます。ときどき甘えん坊になり、そのとき存分に甘えられればあとはひとりでOKかのよう。学習は最低限に。散歩と屋外での遊び、ごはんは大好きなので大切に。散歩時のクンクンなど存分にやらせてあげて。

だ

元気でパワーがあり行動的。独創性や押しの強さもあります。人間は本気で関わり合い、まずは王の子供を扱うようにていねいに社会化を。一度ルールが入ってしまえば、それを破ることはありません。人間がいい加減だと怒られるほどです。責任感も強く、仲間をまとめリードします。ドッグランなどでイヤなリーダーがいると反目も。年上になると反目もこえて、仲間作りの先生に。人間からの感謝の言葉を喜びます。

で

物事に対する考え方がはっきりしています。これは自分の仕事、あれはこのコのおもちゃなどよくわきまえていて、他の仲間のものはほしがりません。とはいえリーダーではなく、マイペースにお利口さんの見本を見せるだけです。ゲームなどが好きになると、楽しみつつもがんばり練習し、上達や勝利を喜びます。人間とチームワークを組むことも大好き。人間のように、趣味をもつことで人生が楽しくなるタイプです。

づ

一字目になることは少ない音です。性格がはっきりしていて活動的で、好き嫌いもはっきり。マイペースで、熱中して疲れていたり、ストレスをためていたりするのに、自分自身で気付きづらく、元気がなくなってからはじめてわかるというタイプです。何かをはじめたらなかなか止めない面は、人間家族による観察と調整が必要です。学習は最低限に。わんこ仲間より、ハトなど周囲の動物と仲がいいということも。

ど

強調するとき使われる音でもあるだけに「どっしり」腹を据えたところがあり、少々のことではなびきません。思い通りにしたい面があるので、社会化は重要。付き合いは悪く、新しいことにはなじみづらく、なじんだ人や場所、食べ物、方法などが大切です。未知のことには興奮するなどネガティブな反応もあるため、新規のことをするときは慎重に。イヤなことを続けると落ち込んでしまうこともあるので注意。

天国にいったわんこからのメッセージ

天国に旅立ったわんこのメッセージをきいてほしいという依頼を受けます。何回も受けているうちにわかってきたことは、旅立ってすぐのわんこからのメッセージは、「ありがとう、楽しかった」というシンプルなものがほとんどなのです。旅立ってすぐのとき、最近の私は「わんこ雲」を見るようになりました。そのわんことそっくりの雲が、空を意気揚々と、旅して行くのです。お顔や姿を知らない場合でも、わんこの形の雲、その犬種の雲が空を飛んで行くのを見ます。そうすると、「あ、順調に旅しているな」とほっと安心します。細かい質問については、旅立ってからしばらくしてから……。1週間から長いと半年ほどしてから、話してくれるようになります。人間は何年経ってもメッセージを伝えたり、話をしてくれることが多いですが、わんこたちは5年程度が限度です。それより長くなると、私は「わんこのスピリットのバケツに入ってしまった」と感じます。個別の感覚がなくなるのです。

ば

精力的で熱血。これぞと思うとまっすぐに進んでいく強烈な個性です。自立していて、小さいときからリーダー的素質を表し、トップを取れないと乱暴者にも。社会化は必須です。責任感が強く、周囲を守る能力が高いので、子供のお守りのほかワークドッグも向くかも。忍耐強く、表情に出さないので、ガマンがストレスとならないよう配慮。思い切り甘えさせる時間、ていねいなお世話、ハンドタッチを大切に。

び

「ひ」のストレートに外に現れる強さはありませんが、内に譲らぬ強さを秘めています。なかなか行動しない、覚えないと思っていると、突然行動をはじめたり。納得するまでの十分な時間が必要なのです。社会化とマナー学習は、当人が納得するまで、当人のペースでじっくり、時間をかけて。弱い動物家族やパピーをよく守ります。なれた人にしかなつかず、環境の変化は苦手なので、預かりホテルなどはストレスに。

ぶ

自己主張が激しく、突然、行動。凝り性で熱中すると周囲が見えず、好きなものに対しては不屈の精神であたります。最初は思考や感情が「嬉しい、怒る、悲しい」などシンプルで明白。やがてシットなどをおぼえると、はじめての感情に困り、元気をなくすことも。次第にデリケートな感情が生まれ、手に入らないものに対して「いらない!」とウソをついてストレスをためたりも。やさしく甘えさせてハンドタッチを。

べ

自分の大好きなことをしていたい芸術家肌の個性派。元気に動き回る日と寝ている日があるかも。大好きな穴掘りやおもちゃに熱中する姿、その能力には感心してしまいます。とはいえ、競争したり学習して成長することは望まないので、ゲームには向いていないよう。最低限のマナー、はじめて出会った仲間と仲良くすることを覚えてもらえば、あとは当人ペース。動物家族には、自分のジャマをされなければOK。

ぼ

見た目はおっとりしていますが、本性はプライドが高く、ガンコで完璧主義。自分がいる場所はどこでも統括したがり、集団が一糸乱れぬ感じが好み。世話好きというより、目を光らせて厳しくチェックするリーダーです。人であろうとルール違反は容赦せず、人がいい加減なことをすると、いうことをきかなくなります。目的をもち、上達、達成するのが大好き。ショーやゲームなどでも怖いリーダーとして活躍しそう。

半濁音

ぱ

元気な行動派。止まっているのが苦手で、いつも動いています。はっきりしていて単純、裏表のない正直者なので、人間が望みを通すためのウソは厳禁。タイミングの悪いお菓子も混乱させるもとです。とにかく「わかりやすく。ルールはひとつ」が大切です。やさしくデリケートな面もあるので、お医者さんや爪切りなどが苦手だと、震えてじっとしてストレスに。できることは、家族がやってあげましょう。

ぴ

楽しいことが大好き。あっちへ行ったりこっちへ行ったり、落ち着かないほど好奇心も旺盛です。賢さ、敏感さ、遊び好き、怖がり、デリケートなど、いろいろな面があります。ネガティブな面が強調されないように、社会化や学校など、数多くの体験をさせて、よさをまんべんなく伸ばしてあげましょう。すると友だち大好き、仲間と遊び上手なコになります。体のサイズを感じるようなハンドタッチを大切に。

ぷ

愛らしく怖がりで甘えん坊。人間家族はそのかわいい表情につい甘えさせてしまいますが、要注意。ちょっとズル賢い調子のよさももっています。学習能力が高いので、人間が一度ウソをつくと、今までのマナー学習などが白紙にも。人間はよき先生であるように努めましょう。ホメられて伸びるタイプなので、ちゃんとできたらきちんとホメるなど、メリハリを大切に。後住犬にはヤキモチややエコひいき気味で。

ぺ

かわいくて、ちょっと自分勝手。遊びに熱中していたり、甘えようと駆けつけてきたり、そのマイペースさがたまりません。かなり賢く、人間の様子をよく観察しているので、ウソはつけません。家族ひとりひとりのクセを知って、抜け目なく振舞うところもあるので、人間はルールの一定を厳守。社会化をしっかりして、友だちをたくさん作ってあげると、仲間に入れないコの社会化指導もできるようになりそうです。

ぽ

ちょっと他とは一線を画しています。他と同じことは必要なく、自分のほしいわずかなものだけが必要です。「×× の前に△△をする」など、当人なりのルールがあるようなら、それは尊重してあげましょう。そうできないと不安になったり機嫌が悪くなったりします。大好きなことの上達は喜びますが、強制的な練習は好きではありません。動物家族とは、特別の仲良し以外とは、適度な距離を置くでしょう。

ねむねむ〜、フワフワ〜。
いっしょにいると、ちあわちぇ〜

拗音、促音、長音など

うぁ

はっきりしていますが、秘めたところ、ガンコなところがあります。それだけに「コレ！」といい出したら絶対譲らず、途中変更もなし。人がウソをつくと混乱するので、散歩に行くといったら必ず行きましょう。ショートコースでごまかすなどもダメです。質実剛健な気質を大切に接してあげましょう。

うぉ

ガンコなところがあり、意志強く、不言実行。一度自分でこうと決めると変更しません。ひとりで勝手に何かをはじめていることもあるでしょう。強情さもあるので、社会化はとても大事。人間がルール違反するなど行動がアバウトだとイヤがります。ごはんや散歩など、生活習慣をきちんと守ってあげて。

づい

自由さとガンコさがあり、つねに自分の好きなことをしています。散歩だからと遊びを途中でやめさせたりすると機嫌が悪くなりますが、散歩先でもっと楽しいことがあれば気分アップ。動物家族や仲間は、気が合わないと自分から仲良くすることはなく、しつこいコはイヤ。自分に負担をかけたくないのです。

うぃ

賢く理知的で自主性があります。行動力もあり、自分で決めて自分で行動することを好みます。「何がなぜこうなるか」を理解することが必要で、そこを理解すると自分できちんと考え判断できるようになります。仲間や後住犬にもそれを伝え、教育するでしょう。それだけに、人間もルーズにできません。

づぇ

ガンコで気が強く強情です。縄張りや自己主張が激しいことも。ボス格ともいえるので、社会化を確実にして、人間はその上に立つ尊敬できるボスに。苦手なことはイヤなことは絶対拒否。無理強いすると機嫌が悪化。気分転換が苦手なので、一度落ち込むと長くなります。気持ちのムリやがんばりに配慮を。

うぇ

マイペースで気分屋。今日と明日のお気に入りが違い、好奇心もあるときとないときがあるので、人間家族は手こずることも。誰かれかまわず遊ぶことは苦手なので、小さいときから周囲に仲間がいる環境になれさせてあげましょう。表情には出さなくても、年上の頼れる動物家族がいると安心しています。

づぁ

ガンコでマイペース、優雅さを愛し、どことなく上品です。失敗は人に知られたくないので、失敗を隠している様子を見たら、見て見ぬフリを。エチケットが必要です。洋服は当人の好むものにすると態度が変わり、いうこともよくきくかも。ガサツは嫌い、仲間や気に合わない動物家族とは距離を置きます。

づぉ

ガンコで、他のことにはかまわず、自分の大好きなことをもくもくと続けています。内向的というより、自分の世界があるのです。食べることが大好きなことも。その場合は、他の動物家族と食事争いにならないように配慮を。運動は運動でしっかりやって、散歩は好きなだけクンクンさせてあげましょう。

きゃ

楽しさと華やかさがあり、きかん気で気性の激しさもあります。何でも自分でできるようになりたがり、学びの機会があれば習得しようとがんばります。賢く、人の気持ちをよく読む分、ヤキモチやきの面も。後住犬を迎えるときは当人と会わせ選ばせるなど配慮し、ひいき気味に尊重すれば、上のコぶって後住犬を指導。「かわいい、お利口」とホメられるのが好きで、かわいい服は大好き。食べ物にはつられません。

きょ

神経質で線が細く、気難しさ、エキセントリックな面があり、他との間に一線を引きがちです。強くないので、苦手なところから自分を遠避けたいのです。かなり賢く、強い者を信頼して任せたり、上手に甘えて依存したり、人間にダダをこねたり、かわいいウソをついて自分有利にする面も。厳しさもあるので、素晴らしい先生わんこや母わんことなることも。体の小さいコはキツく、大きいコは比較的おっとりかも。

きゅ

賢さ、物事を気にせずあっけらかんとしていて根にもたないところ、おっちょこちょいな面があります。そのくせときどき気難しくなり、ひとつのことに取り組んでいるような面も。なんでも自分なりの理解が必要で、新しいルールができたときなどは、それを理解するために時間がかかります。基本的に気がいいので、仲間付き合いは上手で、周囲のスタッフさんからもかわいがられます。動物家族とも仲良くできます。

ぎゃ

プライド高く剛毅。自立心が強く、勝手といえるほど自主的に行動します。リーダー気質があり、幼少時から周囲を率いようとするので、社会化が重要。若いときこそ先生わんこをもち、人間家族はよきリーダー、先輩となるようがんばって。遊ぶときは思い切り。遊びと学習など、メリハリをはっきりと。

ぎゅ

その名の通り性質がギューッと凝縮したかのよう。ガンコで凝り性、好きなことをずっと続けていたり。集中していると自分のことさえ気付かないので、健康問題など人が配慮を。自分の興味中心なので、マナー学習は最低限に。動物家族とはそこそこにうまくやれます。食事が大好きで大事。味に敏感かも。

ぎょ

かなり個性的な性格。たとえば、海が好き、子供が好き、チーズが好きなど、個人によって大きな差がありそう。自分のおもちゃには執着を示すかも。人間でいえば趣味人です。社会化後は、争いは無駄と心得ているので、他との距離は遠めにうまく取ります。ときどき甘えてきたら、存分に応えてあげて。

しぇ

明るく、やや王子／王女の気取りがあり、見栄も張り、おしゃれです。ホメられたり、物事が上手にできると嬉しくて誇らしい気分に。その反対に、失敗を笑われるとてもイヤな気分になります。少々ヤキモチもあるので、新しい動物家族がきたときは、当人の行動に注意。いつもよりホメる回数を増やすなどしましょう。身体的にデリケートな面があるので、寒さや遊び過ぎ、車や電車嫌いなら長時間の移動など配慮。

しょ

しっかりしていて自主性があり、ひとりで行動できます。自己主張も独自性もあるので、社会化をきっちりと。社会化後も独自の考えや好奇心が強く出そう。その場合、シュミなのだと受け入れられるものなら許容し、シュミを楽しむ当人の様子をともに楽しんで。10歳の虫好き男子の雰囲気です。自分の好きなことさえできていれば仲間とは適度に付き合えます。かわいい服など着せてもとくに何も感じないかも。

しゃ

マジメで慎重。怖がりではないので、未知のことに対してはじっくり観察してから手を出します。頼りないようにひょうひょうとしていますが、あんがいしっかりしていて、はじめての留守番なのにまったく心配無用だったなど驚くことも。賢く、自主性があるので、社会化をしっかりすれば、期待に応えてくれるでしょう。人間の子供の面倒見もよく、運動やゲーム、ワークドッグなどに能力発揮もありそうです。

じぇ

強さ、ガンコさ、剛毅さがあり、挑戦する気持ちがあります。リーダー欲はないのですが、統率能力や他を教育する能力があります。人間家族との信頼関係が築ければ、難しい課題への挑戦も可能で、上達するようにがんばります。ただし当人が楽しんでいるのでないようなら、ムリしてがんばりストレスをためるタイプでもあるので、考慮。家族が忙しいというときなども要求をガマンしてしまうので配慮を。

しゅ

シャイでおしゃれ。誰かの後ろに引っ込んでいて、後を付いていくようなところがあります。その実、ガンコさを秘め、こうと思ったことは譲りません。人間でいえば野望のあるタイプ。ショーなどが楽しくなり、自身の才能を発見すると、がぜんその練習にがんばります。上達すると自信が付き、競争心も生まれ、大きく変化します。服を自分から選ぶようにもなるでしょう。日常の散歩などはなれた道を好みます。

じゃ

おとなしいように見えて、かなりの気の強さや強情さを秘めています。ふだんはそれを外に見せませんが、何かのときにはテコでも動かなくなります。子供が生まれたときなど、その守り方は強烈でしょう。そうした思いに目覚めると、人間の子供に対しても強い愛と責任感で子守してくれます。信頼できない人は敵に見えることも。小さいときから、人間とわんこの多い場所に行き、いろいろな人になじませてあげて。

じゅ

自主性と行動力があります。必要に応じて、仲間を引っ張っていく力もありそうです。ドッグランで仲間に入れないコがいると、付き合い方を指導して、仲間に入れるように教育する面も。その分、年上としてガマンし、ストレスをためることもあるので、ひとりで自由にかけっこなど大好きなことをする時間を大切に。顔や耳へのタッチやケア、とくに脚の筋肉のマッサージなど、好むものを頻繁にしてあげましょう。

じょ

本来は強気でリーダー気質をもっているのですが、幼いときは怖がりで、細かいことが気になり、なかなかリーダー気質に目覚めません。そのかわりに遊びと運動が大好き。屋外や土の上が大好きです。競争や頭脳学習は好まず、ボール遊びや駆けっこの名手であるなど、アスリートとして肉体派の遊びに燃えます。存分に好きな種類の運動を。怖いことがないと人のことも忘れがち。夜はやさしくハンドタッチを。

ちぇ

愛らしさがあり、芯が強く、見た目よりしっかり者です。人や周囲のことをよく見ていて反応します。繊細さが際立つとストレスをためやすく、まとめ役的な面が強まるとうるさ型のお目付役に。人間がルール違反したり、散歩やごはんタイムが遅いなどうかうかしていると叱られます。母わんこ、母的な社会化指南、ワークドッグの能力もありそう。夜はやさしいハンドタッチで、単独の甘えタイムを作ってあげて。

ちゃ

かわいい雰囲気ですが、実はかなりの甘え上手で、秘めた気の強さがあります。ふだんはみんなと仲良くやっていますが、恐怖を感じたときや自分の大切なものを侵害されそうになったときなどに気の強さが出ます。母わんことなると、よくパピーを守り、しつけます。ときどき神経質になり、不安を感じたり、大きな音などに興奮することも。日頃からハンドタッチを習慣にして、リラックス上手にしてあげましょう。

ちゅ

愛らしく、自分をもっていて、ハツラツとしています。甘え上手で、自分の魅力の見せ方を熟知。甘えさせ過ぎるとズル賢くなってしまうので、上手にバランスを取りましょう。ホメられ好きなので、ゲームなどもホメられることで好きになり、上達します。新聞を取ってくるなど家の手伝いを頼むと喜び、家族の一員であることを自覚。ルール違反の子供やときに大人も叱ります。母わんこの能力も高くしつけ上手です。

ちょ

しっかり者のところとおっちょこちょいのところがあり、愛嬌があります。その内に芯の強さを秘めていますが、よほどのことがないと外に出しません。仲間の遊びに合わせていける付き合い上手で、周囲に見えないところで、社会化が未熟なコの世話をやいていることも。人間は、「このコはイイコだから」とつい後回しにしがちですが、何かの際は優先順位をトップにして、「いちばんだよ」と伝えると喜びます。

てい

明るく自主性があり、賢くはっきりしています。社会化後はよきリーダーとなり、仲間や後住犬をきっちりと厳しく教育も。社会化が未熟だと自己主張ばかり強かったり、不満があると人間が驚くような作為的ないたずらも。「大きな音の源はこれ。怖くないよ」など、物事をきちんと理解させてあげましょう。

でゅ

賢くてしっかり者。自主的に行動します。単独が好きなコ、リーダー的に指導するコの両方がありそうです。後者は後住犬に家のルールを教育してくれるでしょう。学習はきちんと覚え、つねに守ります。中には上達や達成、競争をとくに好むコも。習慣を大切にするので、規則的な適量の運動が大事です。

にゃ

甘え上手だけど控え目。ひとりで静かにいるか、似た性格の仲良しといっしょにいるでしょう。神経質さがあり、イヤなことや怖いことがあると興奮も。日頃から「あれは何の音、怖くない」など物事の理解に努めて。防寒やおなかの健康に配慮し、服は柔らかいものを。耳やおなかのハンドタッチを習慣に。

てゅ

愛らしく、遊びが大好き。自分だけが好むひとり遊びなどについては、絶対に譲らないガンコさも。小さなことに敏感に反応し、それを楽しんだり、怖がったり。電車に乗せるといった状況があるなら、小さいときからならしておいたほうがよいでしょう。大好きな年上や先輩わんこに心を許し、なつきそう。

とぅ

自主性と落ち着きがあり、人間にとっては安心感があります。覚えたことは守り、後輩には指導し、大人になると若いわんこのケンカなどは仲裁に入るなどします。何か大好きなことがありそうです。練習すると、自身の上達と人が喜びホメる顔を喜びます。気配り上手なので、夜はやさしくハンドタッチを。

にゅ

控え目でちょっと高尚。人でもわんこでも、自分がOKを出した相手以外、心を開きません。気を許した人間家族とはいえ、気に入らないことをするとご機嫌斜めに。怖がりかと思えば大胆なところもあるので、つねに気は抜かず、家の中の安全や整理は確実に。王子／王女様のように接し、食べ物に配慮を。

でぃ

周囲のことは関係なく、自分の大好きなことをつねにしています。マイペースともいえますが、好きなことを守ってあげればよいので、シンプルです。興味をもったこと以外の新しい体験は苦手。学校、病院、トリミング、ドライブなど、最初の機会は短時間にしたり、ショップに行くだけで帰るなど配慮を。

どぅ

自分のことが大好き、自分を大切にしていて、いつも自分の気分のいいように環境を整え、好きなことをしています。居場所やおもちゃ、おもちゃの場所の確保など手伝ってあげて。きれい好きなコもいるでしょう。仲間や動物家族と遊びますが、「自分」のキープが大事。周囲に振り回されるとイヤがります。

にょ

人見知りで神経質な面があります。無理強いをすると怖がり、できなくなるので、当人のペースに任せて。ガンコで不安が強く、イヤなことは絶対受け入れないので最初が肝心。7歳の女の子のようにていねいに接して。動物家族といっしょのごはん皿やトイレは苦手かも。よく観察して好みに合わせた配慮を。

ひや

開放的で、自主性があり、マイペースです。相手を選び、上手に距離を取り、ひとり遊びも上手です。人間でいえば「挨拶するし、感じもいいけど、距離は詰まらない」というタイプでしょう。後住犬がきてもほぼ不安なし。外遊びが大好き。室内外ともに、好きな遊びができるように確保してあげましょう。

びや

独自性がありガンコな面もあり、人の意表をつくようなこともするユニークな個性です。旺盛な好奇心で何をするかわからないので、大切なものはしまい、フードなどは絶対取れないところに置き、室内は整理整頓。NG食品などは買ってきたら即座に片付けること。散歩はある程度、自由に楽しませてあげて。

ぴや

元気でいつも張り切っています。人間家族の手伝いが好きで、手伝いのチャンスを待ち構えているコも。その場合は積極的に、「○○もってきて」など仕事を作ってあげ、やってくれたらホメ言葉とお礼を。それが楽しみであり、信頼作りと絆になります。野放図に楽しむコの場合は、マナーだけは完全に。

ひゅ

自由で自立していて自主的に行動します。人間でいえばバックパックで放浪し、誰とでも自由に意見を交わすタイプ。屋外では自由に好きな遊びを楽しみます。あまり甘えることはなく、放任を好み、無理やりおしゃれさせられるなど苦手。あっさり過ぎて物足りないかもしれませんが、やがてそれがよさに。

びゅ

豪快さ、強さ、ガンコさ、リーダー意識があります。自分の思いを是が非でも通そうとし、通らないと怒る面もあるので、社会化は重要。しっかり社会化できると、家族ばかりかドッグランなどでも他を統制するよきリーダーに。嫌いなものを強制すると絶対拒否となるので、それになれてほしいなら配慮を。

ぴゅ

遊びと自由が大好き。名前の通り、素早くさっと飛んできたりどこかに行ってしまったりするでしょう。コマンドだけはしっかりできるようにしないと困ることに。とくに名前を呼んだら戻る練習は確実に。屋外ではリードはよほどのところ以外では離さないこと。道ばたのものを食べたりなめたりしない学びも大事。

ひよ

音通り、「ひょうきん」な面があります。あまり細かい物事にこだわらず、あるものでそれなりに楽しさを見つけて、ひょうひょうと自由に暮らしています。ややマイペースで予想がつかない面もあり、人間としては距離が詰まらないと感じるかも。ボールや失せ物探しなど、何か特技があるかもしれません。

びよ

独特の強い個性です。何があってもガンとして譲らないところがあります。大好きなことに熱中していると周囲が目に入らず、おもちゃを取られたり中断させられたりすると不機嫌に。幼いわんこが相手でも、その点は変わらないかも。マナーだけは覚えてもらいましょう。好きなコがいると熱中しそうです。

ぴよ

明るく楽しい性質ですが落ち着きに欠けます。しっかり学び、とくに「まて」は確実に。日頃からコマンドを徹底し、なしくずし的に適当にしないように。遊びが大好きで、年下的キャラとして仲間と遊ぶのも上手です。遊ばずおとなしいときは、体調が悪いか、寂しいことやイヤなことがあったとき。配慮を。

ふあ

陽気で、いつも元気です。物事を気にしないように見えて、あんがい弱い面もあります。後住犬や世話のかかる動物家族に集中し、後回しにすると、寂しさとガマンの限界に達して、元気を失ってしまうことも。明るい笑顔は当人の努力によるものかも。笑顔に安心せず甘えず、配慮し、つねに感謝の言葉を。

ふお

育ちのよい雰囲気をもち、おすましです。周囲の物事にはあまり感心をもたないように見えるのは、ストレスを感じないための防御かも。甘えたい気持ちがあり、ヤキモチも感じがちなので、後住犬などがきたときは配慮。冷えなどおなかに注意し、食べ過ぎ、食べなれないもの、刺激の強そうな食べ物はNG。

みや

甘えん坊ですが賢く記憶力もよく、したたかさもあり。頭脳派で、ルールを覚えていないフリをしてすり抜けるなどウソもつけます。強さと弱さが共存していて、依存したり、イヤなことやどうしてもやりたいことにはガンコで強情です。かわいさに負けると、してやられます。終わらぬ頭脳戦、気を引き締めて。

ふい

物事を気にしていないかのようにうそぶいたり素知らぬ素振りをしていますが、あんがい敏感で観察力もあり、たいがいのことに気付いています。それを感じてストレスをためたくないので、あえて見ないフリをしているといった感じです。その繊細さを見抜き、後住犬がきたときなど、先回りして配慮を。

みゆ

愛らしさと勝手さがあり、その甘え顔とクールさについ甘やかしてしまうと危険。頭脳派で、どうすれば人が思う通りになるかすぐに学習。繊細さもあるので、冷えや食べ過ぎ、熱射病、運動のし過ぎなどに注意。愛らしい服、「かわいい」のホメ言葉が好き。競争心やシット心もあり、「いちばん」が大好き。

ふえ

自由で風のようなところがあります。仲間遊びも上手で、深追いせず、相手に合わせて上手に距離を取り、落ち込んだり仲間に入れずにいるコと遊んであげたり。競争は好まず、集中はいっときだけ。好奇心旺盛でも、学習は長続きしないよう。遊び的でおやつなどが出る学習なら、そのときだけは楽しみます。

ふゆ

明るく穏やかで強さがあり、落ち着いたリーダーとなる素質あり。社会化をしっかりして、毎日を規則的な時間割で過ごすと、ますます自信がもて、自主的に考え行動する聡明でものわかりのよいコに。人間のよき相棒となり、子守や新聞を取ってくるなど手伝いも上手そうです。ワークドッグも合うかも。

みよ

やさしく愛らしく臆病。やや引きこもりで人見知りし、相手を選びますが、家の中ではわがままな内弁慶です。イヤがることを無理強いすると、事前に察し二度としなくなるので、病院やトリミングなど細心の注意を。シット心もあるので動物家族との折り合いは慎重に。王子／姫的なていねいな扱いが好み。

りゃ

自分の道を行く自由な気風があります。研究熱心で、ゲームなどの上達に努めたり、道ばたに立ち止まって長時間クンクンしたりすることも多いでしょう。仲間がちょっかいを出してきてもあまり気にとめません。旅行中によそに預けたりするときは、人や場所になれないと最初は不安になって泣き続けることも。好きな人や場所となり、なれればだいじょうぶです。学校も勝手がわかるようになると好きになります。

りょ

自分の好きなことを求める面と仲間との関係を求める面をバランスよくもっています。自分の好きなことをしていても、家族の散歩の時間となるとそれに気持ちを切り替え、後住犬がくると、家の最低限のルールを教えたりします。つねにリーダーをするのは面倒なので、最低限を教えるとまた自分の好きなことに戻ります。妙に強引な仲間や家族に振り回されたり、いらぬ抗争をするのは面倒で好まないのです。

りゅ

我が強く、リーダーシップを取りたがるので、社会化がとても重要。強引さが出るとリーダーとなっても好かれないことも。お手本となる強きよきリーダー犬に出会うと、自制もし、自分をどんどん成長させます。責任感が強いのでワークドッグの素質も。その場合は、ガマンしてストレスをためないように、ときどき存分に走るなど好みの運動を。シャンプーなどケアタイムは、愛情を感じ、リラックスできる時間です。

ワタチもサッカー、入れてぇ

つ

その前後にある音を強めます。たとえば「ヒッコリー」なら、「ヒ」「コ」の音のもつ響きと意味を強めます。それに応じて抑揚が変化し、弱く聞こえていた音が強くなることもあるでしょう。強く聞こえる音は、当人や周囲に与える影響もアップ。はっきりした音だと、1音目と同等の影響力をもつようにも。

ー

とくに「ー」の音の前の音の響きや意味を強めます。後の音も強めることもあります。強く聞こえれば、おとだまの意味も強まります。「ふうた」「みいしゃ」などと表記した場合も、通常の発音は「ふーた」「みーしゃ」です。おとだまの強さは「ふうた」なら「ふ」→「た」→「う」の順で考慮しましょう。

第3章

人間家族♡わんこ
わんこ♡わんこ

母音による
相性のよい名前で
仲よし家族に

〈aiueo〉5母音で判断する

―シンプルだけど的確―

最近は、わんこの多頭飼いの家庭が増えています。にゃんこやうさぎ、鳥などが同居している場合もあります

私は〈アニマル　コミュニケーション〉で、チワワを中心に16頭ほどがいる家に行ったことがあります。頻繁にわんこの出入りもあるので、関係性が落ち着かず、トラブルが絶えないというのです。

にゃんこが多頭いてもあまりトラブルはないのですが、わんこが多頭いると、犬種にもよりますが、トラブルが起きがちです。なぜならわんこは群れを作り、集団行動、社会行動をする動物なので、人間と同じで、良好な関係、全体の「和」や「おりあい」、「チームワーク」が大切なのです。

それに対してにゃんこは個人主義なので、あまりトラブルがありません。

名前にも相性判断があり、いろいろな方法があります。ここではいちばんシンプルな「ａｉｕｅｏ」五つの母音でみる方法をご紹介します。

母音による相性がすべてとはいきませんが、相性のよい名前を付けて、みんなが少しでも関係良好に、ストレスなく仲よくあってほしいと思います。

母音による相性判断は、基本的には名前の一音目の母音でみます。五つの母音の基本的性質は、第2章の「あ」「い」「う」「え」「お」に準じますが、簡単に記しておきます。

ａ…陽気、オープン、行動派、シンプル。

ｉ…神経質、繊細、理論派、策士。

ｕ…熟考型、集中、こもる、ふくらませる。

ｅ…芸術、変化、ユーモア、自由。

ｏ…穏やか、平和、まとめる、思慮。

家族の中にいろいろな母音があったほうが、ファミリーカラーのようなものが偏らず、バランスよく、バリエーションに富み、何かのときにはさまざまなタイプがいるので強くなります。

母音による判断は、名付けにも活用できます。たとえば「リラ（ＲｉＲａ）」と「リリ（ＲｉＲｉ）」だと、「リラ（ＲｉＲａ）」は母音を二種類もっているので、母音のバリエーションが広がり、性質も広がり、いざというとき応用がききます。「リリ（ＲｉＲｉ）」は一点主義というか、応用も融通もききませんが、ひとつのものにだけに才能を発揮するかもしれません。

ここでは子音については説明していませんが、「リラ（RiRa）」は同じ子音が2つです。「ミラ（MiRa）」などのほうが、子音のバリエーションが広がり、性格的に融通や応用がきくようになります。

まずは人間家族との相性、次に動物家族との相性をみる

そのわんこを担当する人の名前を重視

相性表を見ていると、「このわんこはパパが大好きで、お姉ちゃんとは今ひとつなんだけど、なんでだろう？」といった関係に関する疑問が解けてきませんか。

「人間：わんこ」「わんこ：わんこ」、どちらも同じ母音の相性は微妙です。同じ母音同士、似た者同士ですごく気が合うこともあれば、少しだけ違う〝似て非なるもの〟はかえって摩擦し、不協和音を響かせるということもあります。

子供さんのパートナーとなるわんこなら、同類がそばにいるより、愛する異種が近くにいたほうが成長に役立つでしょう。

迷ったら、最終的には人やわんこを見て、直感で決めるにかぎります。

全員に好相性の母音が得られないときは、責任者や家に長くいてわんこの世話をする人との相性で決めます。

わんこ同士の場合は、うるさ型のわんこ、古株のわんこ、リーダー格のわんこのほうを中心に決めるとよいでしょう。

人間家族とわんこの相性判断

わんこの名前の１文字目の母音

人間家族の名前の1文字目の母音

	a	i	u	e	o
a	○	◎	○	○	◎
i	◎	△	△	○	◎
u	○	△	△	△	◎
e	◎	○	△	○	◎
o	○	○	◎	◎	○

「○」「◎」の相性は比較的合いやすく、「△」は難しいか、気心が知れ、仲良くなるまでに時間を要します。絶対「×」の相性はないといえます。
「u」の「○」「◎」が少ないのは、「u」の人やわんこは慎重で、心を開くにも信頼するにも時間がかかるから。その分、ひとたび得た関係や信頼は長く大切にします。動物家族同士の場合も同様です。

1．相性を調べたい人間家族または動物家族の名前と動物家族の名前の１音目を調べます。

人間家族……み　さ　き
MiSaKi
○
名前の１音めの母音は「i」になります。

動物家族……タ　ロ　ー
TaRo
○
名前の１音めの母音は「a」になります。

2．表を見て、「人間家族の名前１音目の母音」＝「a」
×
「動物家族の名前１音目の母音」＝「o」
の交わるところを見て相性を調べます。

※たとえば「リュウ」は「RYu」なので「u」でみます。「リ」「Ri」で「i」も含まれるので、「i」も参考にします。

※「ラッキー」なら、「キ」も強く聞こえているので、「i」も参考にします。

人間家族とわんこの相性判断

a ○ e

感性の異なるふたり。人は考えずにとにかく動き、前進するタイプ。Wはそのときの感覚と芸術的感性で行動するタイプ。感覚が合うと互いが互いを刺激し合う楽しい関係。ゲームなどをやると、どんどん高度なものに発展も。感覚が合わないと、「何がおもしろいの？」というスレ違いにも。人が「自分にはないおもしろさや好奇心の持ち主！」とWにほれ込めば、関係はどんどんアップ。

a ○ a

陽気なふたり。どちらも感情的にカラリとしています。マンガ「サザエさん」のように、人はWを大声で怒鳴ったり追いかけたりする賑やかな日常となりそうです。少々のいたずらはあっても、人がこのWのことで深刻になることはなさそう。「人がWを溺愛＆Wが人を独占」という関係となることもないでしょう。悲しいときは慰め合い、力を与え合い、Wは人生と健康、運動と痩身のよき友に。

a ◎ o

頭より先に体が反応して行動する人、慎重派でじっくり考え、穏やかなW。はやる人をWが止め、最強のコンビとなれる可能性があります。あわてんぼうの人は、Wを見て、考慮してから行動するようになるかも。そうしたら、落ち着きが出て、失敗を未然に防げることにもなるでしょう。思いやりにあふれたWなので、人はつい甘えがち。甘え過ぎやグチをきいてもらう相手にしないように注意。

a ◎ i

人が明るくのんきで行動的。Wがカンがよく、神経質でややピリピリして、散歩に行かないなど気難しさを見せます。人は「一筋縄ではいかない」と悩み、「このWには全部見透かされている」と感じることも。たしかにその通りなのですが、人は自分と性質の違うパートナーを得て感性が広がります。人が♀、Wが♂だと、人はWに恋してしまうかも。Wがストレスをためないように配慮を。

呼び方で相性を変える 1

母音による相性を活用するとき、いちばん重要なのは第１音目、次が「強く聞こえる音」です。たとえば「ラッキーとフウの仲が今ひとつ」というとき。ラッキーの１音目は「a」、フウの１音目は「u」です。相性の悪い組み合わせとはいえませんが、それでもなんとなくうまくいかないのは、「ラッキー」の「キー」が強く聞こえ、「i」と「u」の組み合わせになっていて、しっくりいかないのかもしれません。

a ○ u

行動的で外向的な人に対して、内向的なW。人は、人見知りをしたり仲間と親しめないWに悩んだり手こずったりも。人がその慎重さを歓迎できればよいのですが、イライラするとWはますます困って、どうしたらいいかわからなくなります。教室などに通うとWに仲良しができそう。人がどっしり安定したものを求めるときは相性もアップ。リーダー的なWなら、付いていきたくなるかも。

本文中、わんこは「W」で示しました。

i △ u

細かいことが気になる神経質な人に対して、考える時間が長く、考えるほどに動けなくなってしまうこともあるW。人は「仕事だから」と思えばできても、Wにはそういう理屈は通りません。リズム感の違いをどう合わせていくかがカギ。教室などに通うときも、自分の納得と速度でしか動けないWの速度を見守ってあげましょう。人は、他のリズムを尊重することやWのもつ不屈の精神を学ぶかも。

i ◎ a

感覚派で理屈っぽく、やや神経質な面もある人に対して、何も考えずに目標目指して即座に行動しようとするW。人が「自分にないものをWに求めたい」と思うなら、とてもよい関係。悩みがちな人をWが癒し、明るくしてくれます。リーダー的気質のWなら、外交面や行動力もサポート。人はWのあまりの能天気さにあきれるかもしれませんが、それもまたWからの嬉しいプレゼントと感じるはず。

i ○ e

感性の引き合う関係です。感覚派の人に対して芸術家気質のW。だんだんよくなる関係というより、第一印象がものをいいます。凸凹コンビの珍道中かと思えば、目ざましい邁進ぶりのコンビとなったり。両者のそのときのノリによっても関係が変わるでしょう。人は、このWに何をしてあげるか、何を習わせるかなど、周囲の言葉や常識にとらわれず、直感で決めたほうがうまくいくでしょう。

i △ i

どちらもピリピリ系です。気が合い、両者ともに好きならば、アジリティなどのコンビとして抜群の強さを発揮するでしょう。人が自分と似たものを求めるときはよいですが、まったく違う、おっとり型や癒し型を求めるときは、Wは違う音のほうがよいでしょう。でもｉのWは、「私はこんなにがんばっていた、辛かったけどガマンしていた」など鏡のように見せて、自己愛を教えてくれることも。

i ◎ o

いろいろなことが気になる人に対して、おっとりした王者、大物的なW。不安多き人は、このWに一目惚れしてしまうでしょう。そしてその通りに、物事を気にしているとき、「そんなこと、気にすることないよ」とやさしく癒してくれるW。人はこのWの出現によって、人生が一変する思いをするかも。反面、「なんでここまで堂々としているの？」と、そのガンコな不動ぶりに参ることも。

呼び方で相性を変える 2

前ページの〝1〟の場合、「ラ」を強く、「ラッ（キ）」「ラッちゃん」など「a」の音を強めて呼んで、様子をみてください。

またはラッキーはそのままに、「フウちゃん」と「ちゃん」を付け、「ちゃん」を強く発音すると、「フウ」は「ちゃ」の「a」の要素が増え、「i」と「a」の組み合わせとして仲が変化する可能性があります。

人間家族とわんこの相性判断

u △ u

似た者同士と感じたり、まったく別物！と感じたり、ときに憤慨したり。そのときによっていろいろに見える関係です。実際には似た者同士なのですが、互いに自分を強くもっているガンコ者なので、かみあわせが違ってしまうと、人は人間に対するように腹を立ててしまうことも。人が「Wは私の鏡なのだ」と思えれば、そのWが家にきた理由も納得。他との関係も改善されることとなるでしょう。

u ○ a

じっくり考えるけれど、ときどき悩んだり立ち止まったりしてしまう人。それに対して、物事を深く考えずに、行動で解決していこうとするW。人はWの思い切りのよさや明るさに助けられるでしょう。いつも元気なWも失敗するなどしてときどきは落ち込みます。そんなときに甘えてくると、人はWをたまらなくかわいく感じます。互いの差を受け入れられれば、補い合える関係です。

u △ e

一つひとつじっくり進めていきたい人に対して、気の向くままに、そのときの思いで行動したいW。家族の誰かとはとても気が合っているのに、uの人は「扱いづらい、いうことをきいてくれないW」と思うこともあるでしょう。よく観察すると、Wと気が合っている家族は、自分にとっては今ひとつ気持ちがよくわからない子供ということも。Wは課題＆クリアする方法をもってきてくれたよう。

u △ i

少々微妙な関係。人はマイペースに自分の世界で楽しみたいと思うタイプ。Wはカンが鋭く、人の考えていることを見抜いているかのよう。人は、Wの頭のよさやカンのよさを少々やっかいに感じてしまうことも。そこで学校に連れて行くときなど、やや腰が引け気味に。でもあくまでも主導権は人に。自信をもって、自分こそが「このWのよき指導者となり育てる」という気持ちで進みましょう。

u ◎ o

熟慮型でスロースターターの人に対して、温かく見守る教師のような面をもつW。やや引きこもりがちな内気な子供と大きなWなど、いい組み合わせです。ふたりは最高の親友となり、Wは親の手の届かない部分で素晴らしい働きをしてくれそうです。人が大人だとしても、Wが気持ちを外に向かわせ、社会とつないでくれる可能性も。穏やかで深い愛に満ちたWは家族の一員として欠かせぬ存在に。

本文中、わんこは「W」で示しました。

e ○ e

タイプが同じ、気の合う親友。遊びに行ったり買い物に行ったり、どこに行くにもいっしょという関係です。人のよき話し相手にもなり、Wは「うんうん、わかるわかる」と聞いてくれるでしょう。ただし悪口はＮＧ。悪口の相手と会ったとき、吠えるなどしてしまいます。気が合うので、人間の食べ物をあげるなどつい甘やかしたくなりますが、要注意。そうするとよい関係が崩れてしまいます。

e ◎ a

感性豊かな人と行動派であまり物事にこだわらないW。楽しいコンビとなりそうです。旅行やスポーツ好きの人におすすめの音で、Wはそのよき相棒となるでしょう。電車や車に乗ることに小さいときからならしてあげましょう。Wの活動量が多いので、意識的に運動量を多くしてあげて。留守番させるより、家族がいつもいる家がよさそう。家族をいつも笑わせるアイドルとなるでしょう。

e ◎ o

楽しむことが大好きで、今日の気分のままに動く人。それを見守るように追従するW。人は最高のおとものようなパートナーを得て、Wがかわいくてしょうがないでしょう。そんなWですが、家族思いなので、家族の誰もに目を配っています。他の家族が元気がないとそちらに気づかい、寄り添います。その姿に、人は大きな愛を感じて感動したり、ちょっとヤキモチをやいたりするでしょう。

e ○ i

微妙な関係。好奇心のままに思い付きで動く人に対して、神経質な面、計算高さ、カンのよさもある賢いW。Wが人を理解して、「しょうがないなぁ」と散歩などに付き合ってくれるような関係です。人が喜んでいるときにWのノリは悪いかもしれませんが、怒っているときは近付かないなど、いろいろわきまえたお利口Wです。Wが好きなことをしているときは、邪魔しないで続けさせてあげて。

e △ u

感性の違うふたり。感覚的で、その日によってやりたいことの異なる人に対して、変化や新しいことは好まず、ひとつのことを追求するのが好きなW。雨が止んだから急にトリミングに行くという人の思い付きなど、Wには難しいこと。Wはしぶしぶ行くことになりますが、ストレスに感じます。すぐに気が変わったりあきたりするクセをなおしたい人には、よきパートナーとなるかもしれません。

人間家族とわんこの相性判断

o ◎ u

落ち着いた関係。人もWものんびりしているかもしれません。ふたりで散歩に行くと、人はベンチで本を読みふけり、Wはその近くであきずに土の中に鼻を突っ込み続けていたなど、はてがなく、いつまでも帰ってこないなどということも。子供が落ち着きがないというとき、その友だちとしても最適です。子供が本来の取り組む力、熱意や集中力を取り戻すでしょう。習慣を大切にした生活を。

o ○ a

落ち着いている人と元気で陽気なW。理想的な組み合わせです。人は活発で遊び好きなWのよきリーダーとなり、よくしつけられたWはきちんということをききます。甘くすると、Wの縦横無尽の活発さが止まらなくなるので注意。人は悩みなどを誰かに話せないタイプですが、そんなとき、無邪気で明るいWに助けられます。大問題を抱えているとき、明日を生きる気力がわいてくるということも。

o ◎ e

互いが異なるものをもっている楽しい関係です。人が何かを忘れているとき、Wが何かに熱中していて、人にその楽しさを思い出させてくれたり、童心や気分転換、好奇心のままに進むことを教えてくれたり。Wにとって人は、やさしき年上の尊敬すべき仲間です。人がウソをつかない誠実な人であれば、Wはとても信頼します。よき相棒、よきパートナー、いろいろな関係を楽しめるでしょう。

o ○ i

大人で、ガンコさももつ人に対して、感性鋭いWの組み合わせです。人が懐深く、いろいろなことを受け入れるタイプだと、とてもよい関係。細かく鋭い感覚を少々面倒と感じると、なかなかたいへんなWと思うかも。Wが日々の習慣をもつと、Wの望みはわかりやすくなりますが、習慣を守らないとかえってウルサイことにも。人の包容力や許容力次第で、Wの能力は自在に伸びていくでしょう。

o ○ o

似た者同士の関係です。互いに大きな発見や発展はないのですが、いっしょにいるとなんだか安心します。同じかっこうで寝ていたり、同じときに水を飲んでいたり。子供にとってもよき友に。互いが接することによる化学変化、新しい刺激や変化、自分にない楽しさという意味では期待できませんが、大人にも子供にも、心を支える友となることは必至。

本文中、わんこは「W」で示しました。

うちのわんこ3

赤ちゃんも元気なコも
お空にいったコもいる。
みんな天使

動物家族が多勢いる家族が増えている

多頭でしあわせが増えるか、トラブルが増えるか

最近は、わんこが多頭いる家庭が増えています。その理由として考えられるのは？

もちろん、家族の愛情をひとりで受け止めているひとりっコわんこもたくさんいますが、そのコがいなくなったときのペットロスの経験から、わんこは二頭はいたほうがいいと考える人が増えてきました。

今はひとり暮らしでもわんこを迎える方が増えました。これまでは昼間に家に人がいたが、その人がいなくなってしまった……などの理由からも留守番わんこが増えています。ひとりで留守番をさせるのはかわいそうだと感じて二頭を迎える方もいます。

人間の子供がひとりふたりと増えるように、増えていった、同じ犬種をもう一頭とか違う犬種をもう一頭というように増えた、引っ越した友人のわんこや保護犬を引き取ったり、保護犬の預かり係となって、動物家族が増えた、などいろいろな理由が考えられます。

多頭により、しあわせが倍加することもありますが、トラブルが増えているのも事実です。

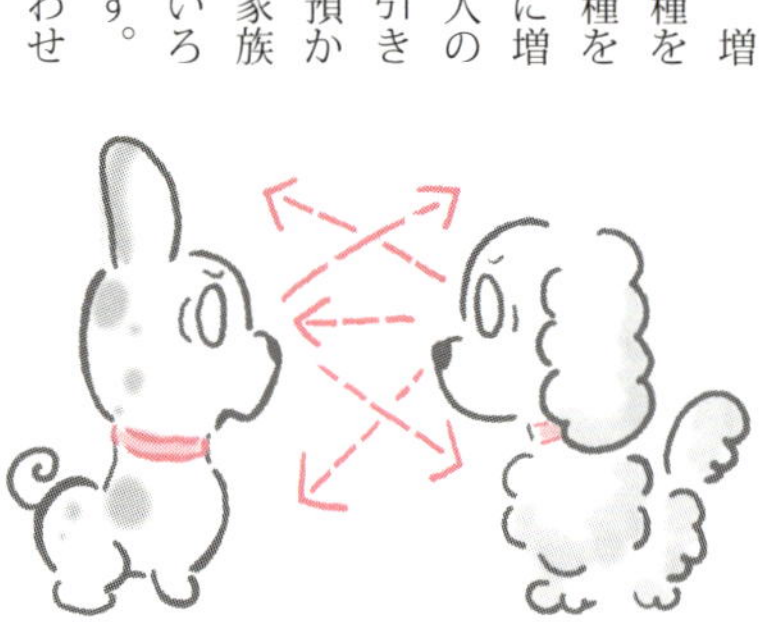

動物家族同士の相性判断

a　u

ａは前向きで行動的。ｕは内気で凝り性で、ひとりで何かを続けているタイプ。「ａが引っ張り、ｕが付いていく」「ａとｕは別々に遊ぶ」という両パターンが考えられます。同じ家に住む者同士であっても、あまり接触しないということも。それでいて、ａがもてはやされるとｕはシットを感じて引きこもってしまうかも。ｕがよくできた大人の先輩格なら、後住をａにしたとき、よき先生にも。

a　a

陽気な関係。いつもいっしょに元気に遊んでいます。ケンカもしますが、関係はいつも比較的良好。放っておくと、大きな穴を掘ったり、いたずらがエスカレートしていることも。同格や兄弟、先輩後輩がよい関係です。片方がリーダー格で、ワガママなリーダー意識をむき出しにすると、下のＷは制圧に向かうかも。３頭以上いるときは、仲良しＧＯＧＯコンビか、距離を開けるか、いずれかに。

a　e

どちらも楽しいＷ。ａが純粋無邪気な楽しさなら、ｅは個性的な楽しさ。「気が合えばいつもいっしょに遊ぶ」「気が合うときだけいっしょに遊ぶ」「まったく知らぬ顔で別行動」の３パターンが考えられます。でも仲は悪くなく、どちらが先輩でも後輩でもＯＫ。どちらかといえば、ａがｅのクセをマネする関係でしょう。ｅが好きで上手なことをａもやりたがり、習わせるとあきるだけかも。

a　i

陽気なａとカンがよく、やや神経質で賢いｉ。ａは自由奔放に遊び、甘え、ｉはちょっと引いて、影から様子を見ています。どちらかといえばｉが従に見えますが、実はｉは聡明な観察者で、何か危険などがあれば、コントロールして安全を守るのはｉです。ｉが母や先輩、リーダーであると、ａを厳しくしつけるでしょう。逆の場合は、人間でいえば、のんきな母と賢い子供といった関係。

a　o

かなりよい関係。楽しいａと落ち着きのあるｏ。ｏが人見知りなら、顔が広く人気のあるａが人になれて明るくふるまえるように導き、ａがルールがわからなかったり、遊びが過ぎると、ｏが抑えるようにたしなめます。どちらが先輩でもよいですが、ｏのほうが教師としての資質をもち、ａは体育会系のリーダーの感じ。人間家族にａがいないなら、ａは明るさを、ｏは安心をもたらします。

動物家族同士の相性判断

i　o

最初はうまくいかないようでも、長くいっしょにいると、個性の違いからそれなりに役割分担してなじんでしまう関係です。鋭く敏感なｉと穏やかなｏ。どちらが先住でも、リーダーでも、年上でも、いけます。人間家族にｉやｏがいない場合にもおすすめです。ｉやｏがシニアとなり活発さを失いかけてきたとき、新人を迎えるなら、この組み合わせにすると、再び活気を取り戻してくれるかも。

i　i

カンがよく賢いふたり。競争やシット、リーダー争いが起きる可能性もあり、先住ｉのもとにリーダーシップを取りたがるｉがきて、しかも先住より体が大きいなどすると、先住ｉは萎縮してしまうかも。兄弟や親子でも避けたほうが◎。よい関係だと、両者が協力して人間の子供の守りやしつけをしたり、ゲームで最強コンビとなったり。両者がズル賢くタッグを組んだら人間はたまりません。

u　u

おとなしく、無口でガンコ者同士の組み合わせです。気が合えば、似た者同士としていつもいっしょにいるでしょう。その分、どちらも同じように接する必要があります。そうでなければ、「アイツはアイツ、自分は自分」というあまり関知しない雰囲気でありながら、実はなんとなく相手を気にしている関係となりそうです。両者に独自の気難しさがあるので、どちらかといえば難しい関係です。

i　u

賢いｉとおっとりのｕ。両者とも違うガンコさがあり、組み合わせは冒険です。ｉが先住でリーダーシップを取るタイプ、ｕがパピーなら、ｉは先生的に指導。ｕが先住だと、ｉは自由な自己を伸ばし、教室など外部で気の合う友だちを見つけるかも。ガンコ同士のぶつかり合いとならなければ、目敏いｉはいつもｕに対してなんとなく愛情をもって目を配り、ｕはｉを遠目に気にかけ見守ります。

呼び方で相性を変える 3

わんこたちの相性が今ひとつというとき、呼び名を活用して相性や性質に変化を与えられます。

人間の「みゆき」さんなら、「みー、みゆ、みき、みっきー、ゆき、きー」といろいろ考えられ、呼び方が変わることは本人も新鮮で楽しめそうですが、わんこはそうはいかないので、ひと工夫を。

たとえば、「レイミー」の場合。「(レイ)ミー」と「ミ」を強くと呼んでいたのを、意識的に「レイ（ミ）」と呼べば、「ｉ」の性質より「ｅ」の性質が強く出てくるでしょう。

i　e

トリッキーな組み合わせ。ｉはカンが鋭く、ｅは個性派です。うまく組み合わさると、個性が異なるだけに、遊び大好き、いっしょにいることが楽しい気の合うコンビに。ｉがプライドが高く上から目線的だったり、ｅがあまりに個性的で、ひとり遊びがいちばんというタイプだと、関与しない関係に。ｉが先住で、若くシットが強く、長くひとりっコだった場合は、避けたほうがよい音かも。

e　e

アーチストがふたり。気分が合えば遊び、そうでなければ自分のアートにいそしんでいるでしょう。人間家族としては、eは気持ちが読みづらい傾向があるでしょう。そのeがふたりなら、マナーを守ってもらうところだけは厳守を徹底し、あとは彼らにお任せするしかありません。ですから、いずれかはわんこ世界のルールをしっかり伝えられるよう、きちんと社会化されていることが必要です。

u　e

個性的が際立つ関係。無口で凝り性のu、好奇心旺盛なe。いちばん想像がつきづらい、何が出るかわからない組み合わせです。eに刺激されて、uはますます個性を発揮することも。uに刺激されて、eはじっくり探究することを覚えることも。「ふたりが仲良しとなり、留守番をさせてもいっしょにいれば淋しくない」といった期待はせず、彼らと付き合う楽しさ、化学反応を期待しましょう。

e　o

楽しく独創的なeとやさしいo。問題は少ないといえそうです。eがあまりに独創的だとoは最初困ってしまうかもしれませんが、懐深いoはやがては上手に包容。eにとっては、強引で無謀なoだとうまくいきませんが、大人のoなら純粋さや強さ、やさしさを感じて楽しいはず。世話好きでよく社会化されたノーブルなo、シニアのoのもとに楽しいeがくると、oも楽しくなり活気付きます。

u　o

もくもくと自分のことをやっているふたり。気が向くといっしょに遊んではまた自分の遊びに戻ったり。過干渉になるでもなく、離れるでもなく、ちょうどよい距離を保った関係となりそうです。先住または先輩がuだと、放任しつつ、ときどき口出すタイプ。oだと、遠目に見ていて、教えるときはしっかり教えるタイプ。oが遊び好きで幼い雰囲気のときは、年下であれ、uが場のまとめ役に。

o　o

iとi、uとuの重なりは少々難しいのですが、oとoは静かで温かい関係。日々のいろいろな発見や変化、新しい楽しみという意味では期待できませんが、家の中に穏やかさや安定、平和、やさしさが広がるような感じがするでしょう。ときどき一方または両方が何かをいやがり、ふたりともいやといい出したときの腰の重さはなかなか。人はNOといったときのガンコさとは戦う必要がありそう。

呼び方で相性を変える 4

逆に、「レイちゃん」と呼んでいたのを「レイミーちゃん」と呼べば、「i」の性質が強まります。

また「ちゃん」「くん」なども関係します。「○○ちゃん」と呼んだり「○○くん」と呼んだり、一定していない場合は、よいほうに統一を。

その他、「タロウ」を「タロベー」、「ロック」を「ロッキー」、「ラン」を「ラッピー」などと名前にない音を付けて呼んでいる場合も、名前にない音の性質が加わっているので、相性や性質の調整に活用できます。

ぱっちりおめめ。
キラキラおめめ。
好奇心、冒険心、楽しさ、
やさしさいっぱいの
おめめの愛しき家族

うちのわんこ4

第4章

画数の数え方
&意味

さらに本格的に
画数占いで
名前をCheck!

わんこは名前の画数がメイン
―かなや漢字、表記で画数が変化する―

最近はわんこの名付けに画数による姓名判断を考慮する方も多いようです。インターネットで簡単に調べられますが、なれればご自分でも簡単に求めることができます。

あるわんこ好き俳優さんは、多頭いるわんこにそれぞれ名字を付けています。それもおもしろいですが、一般的には、獣医さんやトリマーさんのもとでは、家族の名字が使用されます。

人間の場合は、いろいろな種類の画数や数の求め方があります。わんこの場合は何より、そのわんこの名前の画数である「ＢＯＤＹ」（地画）をいちばん大切にすればよいと思います。

もう少し考慮したいときは、名字と名前の画数を足した「ＡＬＬ」（総画）を見ます。ご参考までに、その他の画数の数え方についてもあげておきますが、あまり気にしなくてよいでしょう。

数の吉凶については、私は基本的に「凶数」はないと感じています。というのは「絶対に幸運」「絶対に凶運」というような〝絶対〟もないからです。

世の中には、「この場ではそぐわないが、あの場では最高に生きる、これしか使うものはない」ということがあります。それは「適材適所」とか「ナントカとハサミは使いよう」といったことわざにも通じます。

そこで、この本では吉凶表に「×＝凶」は付けていません。無印の数は「扱いづらい数なんだな」「表が出るか裏が出るか、ギャンブルなのかな」というように考えてください。

その他、姓名判断では「1文字の名字ならその上に、1文字の名前ならその下に、霊数1を付ける」という考え方があります。

これは、私はこれまでの観察により、「殻、鎧《よろい》」のようなものだと感じています。

1字名は、丸はだか、当人がむき出しのような感じです。そこで、生まれたまんまのスッポンポンのような人は、成長につれて、自分で殻、鎧のようなものを身に付けるのです。

そこで、子供の頃の画数と成長後の画数が変化します。名字か名前のどちらかが1字なら、画数が1増えます。どちらも1字なら、片方ずつ付いて、やがては2増えるはずなのですが、大人になっても霊数1が付かないまま、天衣無縫のままといった方もあります。

生涯、生まれたまんまの天真爛漫、ハートむき出しに生きる力のあるわんこたち。霊数は数えなくてよいと思います。また、名付けに関して、ひらがなやカタカナは避けて漢字にせよなど、あれこれ考え方があります。わんこなので、漢字、ひらがな、カタカナなどは、好みのものやフィットするものを選ぶのがいちばんだと思います。

[画数表]

1	2	3	4	5	6	7	8	9	10
○		◎		◎	◎	○	○	△	
11	12	13	14	15	16	17	18	19	20
◎		◎		◎	◎	○	○	△	
21	22	23	24	25	26	27	28	29	30
○		◎	◎	○		△	△	○	
31	32	33	34	35	36	37	38	39	40
◎	◎	◎		◎		○	○	◎	
41	42	43	44	45	46	47	48	49	50
○				◎		◎	○		
51	52	53	54	55	56	57	58	59	60
△	◎	△		△		○	○		
61	62	63	64	65	66	67	68	69	70
○	△	◎	△	◎	△	○	○		
71	72	73	74	75	76	77	78	79	80
○		△		△		○	△	△	
81画									
◎									

[画数表（アルファベット）]

A	B	C	D	E	F	G	H	I
J	K	L	M	N	O	P	Q	R
S	T	U	V	W	X	Y	Z	
1	2	3	4	5	6	7	8	9画

〈例〉

S A N W A

1+1+5+5+1 → 合計 13 画

［画数表（ひらがな・カタカナ）］

あ 3	い 2	う 2	え 3	お 4	ア 2	イ 2	ウ 3	エ 3	オ 3
か 3	き 4	く 1	け 3	こ 2	カ 2	キ 3	ク 2	ケ 3	コ 2
さ 3	し 1	す 3	せ 3	そ 3	サ 3	シ 3	ス 2	セ 2	ソ 2
た 4	ち 2	つ 1	て 1	と 2	タ 3	チ 3	ツ 3	テ 3	ト 2
な 5	に 3	ぬ 4	ね 4	の 1	ナ 2	ニ 2	ヌ 2	ネ 4	ノ 1
は 4	ひ 2	ふ 4	へ 1	ほ 5	ハ 2	ヒ 2	フ 1	ヘ 1	ホ 4
ま 4	み 3	む 4	め 3	も 3	マ 2	ミ 3	ム 2	メ 2	モ 3
や 3		ゆ 3		よ 3	ヤ 2		ユ 2		ヨ 3
ら 3	り 2	る 2	れ 3	ろ 2	ラ 2	リ 2	ル 2	レ 1	ロ 3
わ 3				を 4	ワ 2				ヲ 3
ん 1					ン 2				

ひらがな、カタカナとも、
「ば」などの濁点は２画、
「ぱ」などの半濁点は１画に数えます。

［画数の数え方］

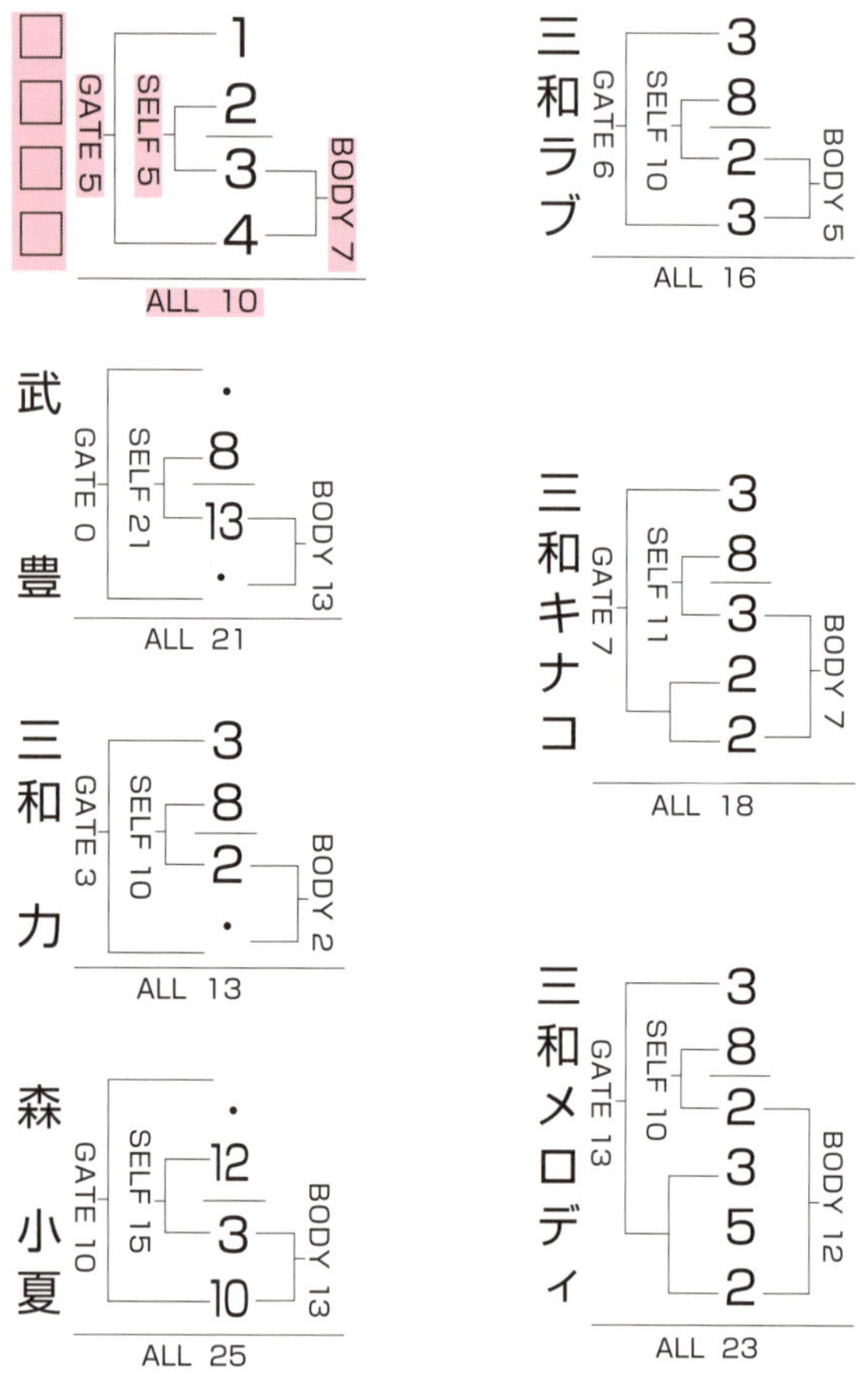

「BODY」（地画）
本来の純粋な当人らしさ、たましいの部分。

「ALL」（総画）
全体的な運が表れる。

「SELF」（内画）
心、意志や意図、考え方などが表れる。名字のラストの1字＋名前のトップの1字

「GATE」（外画）
社交的な部分、人や仲間付き合いが表れる。
「ALL」－「SELF」

1画 旺盛な独立心とリーダーシップ

「万物のはじまり」を意味し、すべての基本となる数です。「まるはだかの状態」ともいえるので、学習意欲も独立心も旺盛。リーダーまたは一匹狼的な要素もあります。どんどん学び、覚え、自分の考えとしていくので、独自で勝手なものとならないよう、しっかり向かい合い、教育を。

2画 相手とともに生き相手を思う心

パートナーシップ、「相手があってこそ」などを表す数です。感情が細やかで、相手のことをとてもよく見て、気を使います。その分、ストレスをためやすい面もあるでしょう。ネガティブ面では依存に注意。甘えさせ過ぎると分離不安や動物家族に対する嫉妬が強くなることも。

3画 天真爛漫遊び大好き無邪気な心

遊び大好き、友だち大好き。人気者で、好奇心や冒険心も旺盛です。友だちをたくさん作ってあげましょう。物おじしないのでケガに注意。学習や達成は興味ナシ、最低のルールはきちんと覚えてもらいましょう。おもちゃなどに熱中して興奮することもあるので、「止め」の学習は必須。

4画 安定や自信を求め努力する

安定や自信を求め、向上心もあり、がんばって努力しますが、今ひとつ成果が上がらない面があります。また、友だちや動物家族においしいところや華やかなシーンを取られてしまうことも。気持ちがマイナスに偏りやすいところもあるので、人間が自信をつけてあげましょう。

5画 変化を求める自由な行動と独立心

独立心や好奇心が旺盛な野心家。新しいものを求めてどんどん行動します。物おじしないので、ケガ、リードを離した場所での行動、迷子に注意。リーダー要素もあり、大きなコにケンカをしかけることもあるので注意。甘い人間を見抜き、甘い人間をコントロールも。しっかり教育を。

6画 温和でやさしい幸運な優等生

よほどでないかぎり、生まれつき優雅で、ひとりで大人になるような手のかからないコです。誠実で信頼でき、仕事を与えると責任感強く努めます。子供のナースやセラピードッグなどワークドッグの資質も。仕事を喜びとしますが、一線を越えるとがんばり過ぎ、ストレスを隠します。

7画 独立心旺盛、ガンコで自由な個性

自分から率先して行動。興味をもったものは何が何でもやりたがり、そのときの突進力や情熱はかなりのもの。友だちはあまり必要とせず、ひとりで興味をもったことをしている時間が多いでしょう。最低ルールだけ覚えてもらい、あとは自由な趣味人として生きてもらうのがよいかも。

8画 強く合理的なよき兄貴、リーダー

努力家でリーダーシップがあります。家の中でも外でも、天性のものとして、仲間をまとめる役割をかって出るでしょう。幼稚園などにいれば先生犬となって他の指導も。その意味でも、ルール学習などは幼いときにきちんと教えればすぐに覚え、確実なものとするので、しっかりと。

9画 じっと考える思想家、哲学者

天を見つめ、ひとりでじっと考え込んでいる思想家のような雰囲気があります。ガンコで、納得しなければガンとしてきき入れず、動きません。気難しい面があり、無理にやらせると機嫌をそこねます。そのあたりを理解し、ルールさえ守ればよしとして、ある程度の放任が快適かも。

画数の数え方にいろいろある

画数の数え方にはいろいろあります。こちらの数え方だと「大吉」、こちらの方法で数えると「大凶」といったこともあります。それから、漢字の画数は「旧字体で数える」とか、常用のままでいいとか。数字は数のままとか。迷うばかりです。

私は三面記事を長く読み解いてきた結果、常用漢字のまま、常用漢字の画数でよいと考えるようになりました。画数の筆勢（筆の運びの勢い）が大きく関係しているのだと思います。

表記のまま画数を数えて三面記事を読むと、記事とは違う内容が如実に浮かび上がってきます。たとえば記事では「夫が悪人で、妻は手伝わされた」と報じているが、画数的に見ると、首謀者は妻に違いないとか。それが後に、事実とわかるのです。

とはいえ、旧字体の画数、特別な数え方なども、漢字が負っているものですから、一応は意識するようにしています。

ひとつ大切なことは、「誰でも読めること、誰が書いても同じになること」です。せっかく、カッコいい旧字体の漢字を使って名前を付けたのに、誰も書いてくれない……というようでは、せっかく付けた意味が存分に生きてこなくなってしまうからです。

10画　勝負運強く、一発勝負にかける

忍耐や努力が苦手で、行き当たりばったり。努力が成果に結び付きづらいという面もあります。それでも勝負運は強いので、ゲームなどは勝利することも。プライドの高さと強情さがマイナスに働きがち。マナーだけはコツコツと教えて守ってもらいましょう。仲間とはなじみづらいかも。

11画　緻密な頭脳、独創的な知能犯

賢く、よく考え、自分で判断して行動します。素養を生かすためにも、幼いときにきちんとルールを教えましょう。それでも、かなり独創的で知恵が回るので、人間が１本取られがち。人間家族はつねに言動を一定にしないとしてやられます。侮れませんが、何かのとき助けられることも。

12画　複雑で細やかな感情が原動力

感情が細やかで、物事を感情で受け取るので、相手の感情を気にし過ぎたり、ストレスをためたり。怒り、悲しみ、嫉妬、誤解、気持ちのアップダウンもあるでしょう。依存、分離不安、ヤキモチによる行動、ヒステリックな行動に注意。特別扱いせず、全体の中の一員として接して。

13画　聡明で、自立した自分なりの行動

賢く、自分で考え自分で判断し、行動します。物覚えもよく、人間がいつもと違うことをしたり忘れたりすると、教えてくれることも。責任感もあり、ワークドッグの能力や信頼感も十分です。ひとりの時間が大切なので、ベタベタ嫌いのマイペース。人間家族は、信頼に値する行動を。

14画　イチかバチかの鋭い感性

感性が鋭敏過ぎて、いろいろなことを感じてしまうために、行動しづらくなります。がんばり屋で努力するのですが、誠実でマジメ過ぎて、おいしいところを他にもっていかれたり報われなかったりも。そのために、イジケたりイタズラをしたりもしますが、大逆転の力も秘めます。

21画 クールな知能派は影の仕切り屋

気持ちがクールで、人や仲間とベタベタすることなく、一定の距離を置きます。頭がよく、自分で考えて自分で行動することができます。動物家族の様子などもきちんと把握していて、影から仕切ります。人間も言動が立派で信頼に値するようでないと、知らぬ間に仕切られてしまいます。

22画 感受性の鋭いマジメな優等生

感受性が鋭く、いろいろなことをよく見ていて、反応します。興奮したりしょげたり、マイナスの事柄は体調に出てしまうことも。上達してホメられようと努力しますが、ストレスもため、努力しない他がかわいがられるとヤキモチも。寝る前のハンドタッチで愛情を示し、安心を与えて。

23画 堂々とした出世株のリーダー

賢く知能犯でもあり、自分で考え行動する立派なリーダーです。最初にルールをきちんと伝えないと、自分なりのやり方を決め、あとからではいうことをきかなくなります。人間家族は日頃の言動を一致させ、堂々としていないと、「任せてはおけない」とリーダーの座を奪われます。

18画 意志強固で責任感強いリーダー

上達心も旺盛で、リーダーにふさわしい数です。猟犬のようなワークドッグであれば、人間のかけがえのないパートナーに。グループをまとめ、後輩を育てるよき先輩ともなるでしょう。学習時や人について行動するとき、自由に遊ぶときの差を明確に。堂々とのびのびとしたコに育てて。

19画 思慮深く、努力して苦難を越える

熟慮し、自分なりの結論を出して行動。理解には時間がかかりますが、頭に入ると絶対。当人のじっくりペースに忍耐強く付き合い、理由などもきちんと伝えて。人間の勝手で違う方法を取ると、困り、動かないことも。動物家族にイイトコを取られがち。不公平やストレスなきよう注意。

20画 大胆さとチャンス、消極性が同居

大胆な思い切った行動で、ギャンブル的にチャンスと勝利をものにする面、考え込んだりヤキモチをやいたり、イジイジして動かずにいる面の両面あり。ハンドタッチなどでのコミュニケーション、感情の安定、自信や信頼感を築くことが不可欠ですが、調子に乗らせるのはNGです。

15画 しっかり者の明るいリーダー

努力家で、できないとがんばり、能力の向上や達成を喜びます。大人になるにつれリーダーシップを発揮し、動物家族や友だちばかりか、子供やお年寄りの面倒まで見ることも。忍耐もするタイプなので、存分に好きなことをする時間を作り、本来の陽気さやのびのび感を発揮させて。

16画 人格も人徳もあるラッキー数

聡明で努力家、純良で正直。周囲を大切にするよきリーダー。いいことづくめの数で、ラッキーにも恵まれます。公平な愛情を注ぎ、大切に育てると、人間にも動物家族にも貢献する素晴らしい家族となるでしょう。散歩など、大好きなことをする時間を大切にしてあげましょう。

17画 マイペースでガンコな知恵者

ひとりで思索していたり、好きなことをして自由に遊んでいたり。周囲には合わせませんが、気分屋の面もあり、気が向くとみんなと遊んでいたり。好きなものや時間を大切にするので尊重を。カンがよく、人間がウソをつくと混乱するか、信頼できず、いうことをきかなくなります。

28画 ガッツがあり、強気に行動

野心があり、押しが強く、精力的に行動します。ガンコで強情で、人のいうことをききません。社会化をきちんとする必要あり。ゲームや学習は、気に入ると楽しみますが、急に興味を失うあきっぽい面も。仲間とおもちゃの取り合いなど衝突も。忍耐のトレーニングをするとよさそう。

27画 独自の考え方をもつ強情っ張り

頭脳優秀なのですが、協調しないので、周囲から浮きがち。それを当人は気にせず、距離があるのはかえっていいようです。人や仲間と接するときは、自己主張が強く、自分のルールをもち出すので、なじみません。そんなことなど気にもならず、自分の世界で淡々と生きています。

24画 円満で才能豊かなラッキー数

幸運がつきまとう数です。努力もしますが、棚ボタ運もあります。賢く、物覚えも早く、上手にできます。興味を示したものに対しては、必ず才能があります。それでいて、忠実で、ワークドッグ的な役割も責任強くこなします。動物家族の統率係や幼稚園の教育係としてもぴったり。

避けたい画数「ブレークの法則」

いくつかの避けたい画数のNGルールがあります。このルールは長く三面記事や事故の報道を見てきて、確信するようになったことです。

◆NGルール1．家族の誰かと名前の画数「BODY」を同じにしない。その家に同じ画数は2人いらない、ということです。同じ画数の人が複数いると、ひとりを残して他は家を出て行きます。

◆NGルール2．家族の誰かと総画数「ALL」を同じにしない（わんこの名字を家族と同じとした場合、ひとつ屋根の下に、名字は異なっても、同じ総画数の人がいてはいけない）。ルール1と同じ結果になります。

人間にはまだまだたくさんのルールがあるのですが、わんこはこのふたつを守ればよいでしょう。

NGルール2

わんこ：三(3) 和(8) ＝11　ル(2) ビ(4) ー(1) ＝7　計18

同居の姪《めい》：田(5) 山(3) ＝8　寿(7) 与(3) ＝10　計18

NGルール1

わんこ：三 和　ル(2) ビ(4) ー(1) ＝7　計7

同居の長男：三 和　大(3) 心(4) ＝7　計7

25画 忍耐強く、強情な努力家

周囲とはベタベタせず、自分の世界をもっていて、興味ないものには無関心。ダンス、ショー、ゲームなど大好きなものを見つけると上達しようと努力します。競争心もあり、勝利や上達を喜び、負けると落ち込みます。プライドが高く、ガンコで意地っ張り。甘い言葉にはなびきません。

26画 プライド高く、理想も高く

体裁を重んじ見栄っ張り。洋服やおしゃれが大好きで嫌いなものを着ていると散歩もイヤ。1度でも自分をけなした人は大嫌い。トリマーさんなどもおもてなし上手を喜び、少しでもイヤな扱いを受けるともう行きません。王子や姫の扱いを望みますが、チヤホヤが過ぎると人間が従者に。

29画 よくも悪くも頭脳と策略の帝王

「帝王数」「信長数」といわれるビッグな数です。異彩を放つ帝王ともなれば、凶悪な大悪党のボスにもなり、また、数の大きさに押しつぶされてイクジナシとなることも。もともとリーダー気質があるタイプにこの数をもたせるのであれば、よほど覚悟して帝王教育をすることが大切。

30画 次々と変化する野心と好奇心

野心や射幸心があります。挑戦が大好きですが、準備をするわけではないので、勝敗は運次第。興味の対象は移りやすく、あきっぽいともいえます。自分が負けたりリーダーになれないと、スネることも。社会化がちゃんとできていないと、仲間にうまくとけ込めず、はぐれてしまいます。

31画 判断力に優れた円満なリーダー

誠実で賢く、熟考して行動。責任感が強く、円満に群れをまとめ後輩を教育し、子供やお年寄りの世話もして、ワークドッグとしてもがんばります。素晴らしいリーダーですが、自分を抑えてストレスをためたり、無理が過ぎて孤独にも。存分に走るなど、ときどき思い切り自由な時間を。

32画 素直で明るく温厚な強運数

性質が素直で明るく、悪気がなく、誰とでも親しくなれるので、みんなから好かれます。問題が起きたときも福の神の助けあり。いくらかわいくても与え過ぎは禁物、歯止めがきかなくなります。優柔不断なところもあるので、社会化をきちんとして、判断基準を作ってあげましょう。

33画 行動力抜群、知恵と勇気の親分

才気、判断力、行動力、自信などにあふれた勇敢なリーダー。その才能を発揮し、人間にも仲間にも貢献してもらうために、社会化はしっかり。できれば親元で長く過ごさせましょう。感謝やホメ言葉は大切ですが、ホメそやかすのは自惚れにつながり、勝手な行動のもととなるのでＮＧ。

34画 自信と才能を確実なものに

才能はあるのですが、強情ではないので、すぐにあきらめたりあきたり、自惚れたりして、なかなか能力が自信に結び付きません。気持ちが繊細で、うまくいかないとスネたりくじけたり。続けるのがイヤになることも。確実にできることや判断基準をもたせてあげると自信になります。

35画 温厚で気持ちがやさしく人望あり

やさしくおおらか。素直で純情なので人間にも動物にも好かれます。和を大切にするよきチーフです。がんばり屋で習い事がうまくできないと努力し、人間の忍耐が続かないとスネます。全部を立てようとして優柔不断になったりストレスをためたりも。自由な愛らしさの維持を大切に。

36画 お世話ばかりで自分が後回し

やさしく感受性が細やか。頭もよく、カンも働きます。人や仲間のお世話が大好きで、自分を後回しにしてまで世話を焼きます。しかし、やや意地っ張りの面や強い思い込みは失敗やトラブルのもと。社会化をしっかりして、分をわきまえることを上手に教える怖い先生犬が必要かも。

37画 やや偏屈ともいえる個性派

誠実な個性派で、これぞと思ったことをあきずコツコツと熱心に追求。何か才能を見つけたらぜひ伸ばしてあげて。放任と単独が快適で、「自分は自分でいい」といったとっつきの悪さがあり、他と距離を空けますが、なれると温厚さが出てきます。たくさんの仲間と遊ぶことを覚えて。

38画 楽しく気弱な芸術家肌

争いは嫌いなので、人とも仲間ともあたりさわりなく接します。芸術家的な面があり、ひとりで何かをしているほうが気がラクです。せっかちなうえに判断が苦手で、何かの際に優柔不断になったり怖がったり、トラブルに。雷恐怖など、当人によい方法できちんと対処してあげましょう。

39画 悪運強き反骨精神の親分

大物、大親分の数です。賢く、策略家で、気骨も決断力も行動力もあります。強情で、自らの意志で行動できる大物ですから、人間は本気で向かわないといけません。しっかり社会化して、素晴らしいリーダー犬となれば、家族ばかりか、多くの人や動物が大きな恩恵を得るでしょう。

40画 大きく求める知恵と才能

知恵も才能もあるのですが、やや自信過剰。ギャンブルを求める面もあり、冷静な判断が必要な状況で判断を誤りがちに。人間家族は目を光らせて注意する必要がありそうです。叱り過ぎは、引っ込み思案やイタズラなどトラブルのもとにも。デリケートな気持ちのコントロールがカギ。

41画 手堅い努力で手に入れる実力

温厚で意志が強く誠実。学びたい思いがあり、うまくできずに努力しているときは、人間は根負けしないで付き合って。能力を得た後は安定していて判断力もたしか。ナースリーなので子供のお世話やセラピードッグに向くかも。がんばり屋なので、ストレスをためて隠していないか配慮。

42画 器用でやさしく優柔不断

繊細でカンもよく何でも器用にこなしますが、気弱であきっぽく、優柔不断な面もあります。ボス格２頭の統率方法が異なると、またそれが自分のやり方と異なると、困惑して落ち込みます。マナー教室などで達成感を与え、自信をつけて。人間は厳し目に、自立の道を手伝いましょう。

43画 才能も自信もたっぷり

才能があり、あれこれ会得していくのですが、過信の傾向があり、成功にムラがあります。そのため、周囲の信頼度は今ひとつ。成功確率の高いリーダーに周囲の信頼が集まるとスネ、仲間との調和も悪くなります。人間は確実性を上げる手伝いを。自信が付き、性格も安定します。

44画 知恵と野心と非凡な才能

感性鋭く優秀ですが、場や仲間をコントロールしようという気持ちや思い込みが強く、仲間となじみません。思い通りにならないとトラブルを起こし、うかうかすると人間が操縦桿を奪われます。社会化をしっかりし、人間が強き親となったうえでショーや羊追いなど学べば天才性発揮も。

45画 正攻法を選び、公明正大

自分をしっかりもち、意志力強く、がんばり屋で誠実な行動派です。力はあっても、１番手がいるときは仁義をきり、自らサポート役に回ったりも。少々おっちょこちょい、ときどきガンコに怒る、早とちりなど、飾らず人間くさい（？）ところがあるので、仲間が集まり、愛されます。

同じ音なら同じ意味

漢字が違っても、音が同じなら、同じ意味をもちます。

たとえば春をイメージして「春香」という名前を付けたとしても、音が「はるか」ですから、「遙（はるかかなた、はるか遠く）」の意味ももちます。「ユキ」は「行き」「雪」でもあります。

46画 誠実で忍耐強い努力家

性格がよく、忍耐強くマジメ。温厚で人のいうこともよくききます。しかしあと１歩のツメが甘かったり、独自のこだわりから仲間と競ったり、ときどき何かに興奮して、失敗したりトラブルを起こすことが。学習により自信を得て、つねに安定を得られるようになることが大事です。

47画 能力をどんどん伸ばす努力家

我欲が少なく、仲間思いで、学習が大好き。人と協力することや上達を喜び、目標をどんどん上げ、あきらめることなく努力して達成していきます。失敗や不運があっても、必ず助力者が出る幸運もあり。救難や捜索ワークドッグの才能もあるでしょう。がんばり過ぎてしまう性格に配慮。

48画 才能あふれる援助者

賢く才能もあり、仲間に細かく気を配り、上手にフォローできます。当人はリーダーは好まず、１番手ではなく、２番手に回ります。何に対してもストレートで正直に正面から向かうので、わかりやすく、人からも仲間からも信頼されます。母として先生犬として、素晴らしいタイプ。

49画 実力と押しの強さで開運

押しの強さや度胸があり、好調そのものというときがあれば、何をやってもうまくいかないときもあります。物事をイチかバチかのギャンブル的に進めがちなので、確証をもって行動できるように学習を。好き嫌いが激しく、友だち作りは苦手です。人間は気の合う友だちを作る補佐を。

50画 好奇心旺盛な自信家

好奇心旺盛にあれこれ鼻を突っ込みます。あまり努力はせず、すぐに上手になった気分に。自信たっぷりに楽しみ、うまくいかないと不満を感じて機嫌を損ねます。「あちら立たせばこちら立たず」となりやすい数。気に入ったことを学習し、それだけは確実にできるという自信を付けて。

51画 控え目で温厚な英雄

ふだんは控え目で温厚ですが、責任感強く、ガンコで、何かを守る必要があるなど、いざとなると大胆な行動に出ます。しっかりしているようで危うさもある数なので、必要なことは、考えないでもできるようになるまで練習を。冒険は禁物、リードを離す場ではよくよく注意を。

52画 無から有を生む創造力

賢く、状況判断が上手で、機転がききます。周囲や相手を見て学ぶことも多いので、人間家族は全員で言動をそろえ、よき仲間をもたせてあげましょう。応用力や創造力があるので、ゲームばかりか社会的な場でのワークドッグとして活躍も。ハンドタッチで愛と信頼がより深まります。

53画 プライドが高く、新しいことが好き

プライドが高く、他より上であることを望みます。他の仲間のほうがうまくできたり、ホメられるなど厚遇されると、やる気を失ったり怒ったり。学習して確実にできることを増やしたり、当人が必ずする仕事を受けもつなどすると自信ができ、周囲の状況に影響されづらくなります。

54画 くじけず、コツコツがんばる

くじけずがんばるのですが、あまり報われない傾向。いろいろなことを気にして気苦労が多いのに、それをあまり周囲に気付いてもらえず、孤独を感じがちに。母わんこの場合は、赤ちゃんは少しでも長くそばに置いてあげて。わが子を残し、ともに暮らすこともしあわせを感じるタイプ。

55画 意志が強く、積極的で変革好き

意志が強くガンコで強引。プライド高く、見栄っ張りでもあります。頭脳派で策士ともいえますが、周囲に受け入れられず、上滑りしがち。突っ走りたい気持ち、独占欲、リーダー欲などがあるので、人間は温かく厳しく、できればよき先生犬をもち、はやる心を上手にコントロールして。

56画 才能、やる気、実行力あり

才能もやる気もあり、がんばるのですが、なぜかスムーズに進みません。なかなかうまくいかないと、ふてくされて、それがいやになってしまうことも。周囲によいところを見せようとしたりお世話しようとして失敗も。人間は、努力が報われるように、手伝ってあげることが大切です。

57画 ガンコさと強い個性で成功

自信があり、何かに興味をもったり気になったりすると積極的に挑戦。失敗も自分の力とし、仲間に迎合せず、仲間よりできないことがあると、がんばって上に行きます。落ち込まないかわりに、強引で自分本位ともいえます。人間は、自分本位な面を調整し、友だち作りを手伝って。

58画 一本気で誠実でガッツあり

物事に正面からぶつかり、困難に遭ってもめげずに前進します。陽気かつ淡々とクールに行動。困難に挑戦するたびに力を付け、応用力も広がります。アジリティやフリスビーなど既成のものの他、スケートボードに乗るなど、スポーツドッグへの挑戦も合いそう。人気者で友だちも豊富です。

59画 心配して気苦労が多くなりがち

デリケートで、不安を感じて心配ばかりしてしまうので、「がんばろう！」という勇気が出ません。留守番させるときは必ず約束の時刻までに帰る、道で苦手なコに会ったときはお座りするなど、不安を減らす工夫や学習を。ひとりっ子として甘えさせるより、動物家族をもつとよいかも。

60画 気持ちがやさしく、人思い

マジメで人思い。人のために働くことも大好きです。気持ちがやさしい分、強い心や判断力、自信や自立心がもてません。不安定になりやすく、周囲が興奮するといっしょに興奮したり、いざというときには無鉄砲な行動に走ってしまうことも。ぜひ、よき仲間や先生犬を見つけてあげて。

61画 向上心が強く意志強固

積極的ですぐに行動に移さないと気が済まず、どんどん目標に近付きます。せっかちで、失敗すると落ち込むワンマンで強引なリーダーです。仲間思いなコになるよう手伝いを。

62画 マジメで引っ込み思案

マジメなのですが、自信がもてず、自分で判断するのが苦手で、人や仲間のいう通りにしがち。感情が不安定になることも。世界観と自信をもたせてあげることがとても大事。

63画 順調に進むラッキー数

しっかりと自立していて、自分で判断し、ひとりで行動できます。モテるので、恋の事件には注意。マナーに秀でれば、仲間から尊敬される立派な先生犬ともなるでしょう。

64画 ハデで目立つことが大好き

見栄っ張りで、ハデなアクションで注目を浴びるのが大好き。イタズラをはやし立てると、ウケると誤解して繰り返すので注意。失敗するとそ知らぬフリも。落ち着きを学ばせて。

65画 運も実力もある発展数

マジメで誠実、努力して能力を確実なものにします。リーダー犬にふさわしく、愉快な人気者もいます。ワークドッグとして、また人前に出てデモを見せる係としても能力十分。

66画 確実な世界と自信をもつ

堂々としているのか、わかっていないのか、外から見てわからないところがあります。日々の生活をできるだけ一定のものにするなど、自分で考え、行動できるように養育を。

67画 円満で平和で順調

誰とでも仲良くでき、トリマーさんなど周囲の人間からもかわいがられます。甘やかしてテングにさえしなければ､問題ナシ。セラピードッグやよい母わんこともなれそうです。

68画 強い意志と才能で発展

努力家で積極的。賢く、判断力も行動力もあり、機転もききます。ワークドッグとしてもゲームでも、自ら上達を目指します。テングになることと失敗時の気落ちに配慮を。

69画 ひらめきがありハデ好き

直感が鋭く、頭の回転も速い分、努力を怠りがち。後続の仲間に人望（?）その他、追い抜かれたり。神経質で興奮しやすい面も。確実にできることを増やし、安定を目指して。

70画 強すぎる個性の持ち主

頭がよくギャンブル性があり、１発勝負に出がち。成功するともてはやされますが、能力は身に付かず。地道に確実な能力を増やして自信をもたせ、協調して生きられる学習を。

71画 意志と積極性で平和を築く

平和主義者なのですが、平和を得るためには意志と行動が必要です。力不足の中途半端となりやすいので、上達をホメて、上達好きに養育を。自信が積極性につながります。

72画 つねに一喜一憂しがち

人間や仲間にすべて任せがち。自分からは、積極的に判断して行動はしません。そのため運もお任せに。日々の生活の名称などをひとつずつ教え、自主的に進められるように。

73画 怖がりゆえに危険も最小

できると思ってしたのにできないなど、夢みる天使のような愛らしさがあります。上達や自主性に興味ナシ。ひとつずつできることを増やすと人生（？）がより楽しくなります。

74画 のんびり自由に生きたい

あまり欲を見せることもなく、ただただ寝ていたり。といって、その姿に人間が癒されるわけではなく、面倒ばかりかかります。必要最低限のことは覚えてもらいましょう。

75画 努力とやる気で平安な生活

うまくいかなくても努力を止めません。落ち込んで努力を止めたら万事休すなので、人間家族は応援担当です。誠実な努力を続けることで能力が増え、自信をつけていきます。

76画 気が強く名誉欲あり

プライド高く、能力が確実ではないのにギャンブル的に挑戦したり。競争心旺盛で暴走癖もあり、他との協調が苦手です。社会化第一。仲間が集まる場所に行き積極的に交流を。

77画 強い個性が信頼される

個性が強く怖いものナシ。行動力もあるので、最初は問題行動に見えます。やがてそれは確実な能力へと発展。人間家族は、強い個性が秘める才能を見極め、伸ばしてあげて。

78画 自信と才能と実行力

自力で活動し開拓できるので、どんどんひとりで行動。それをホメられるとテングになり、周囲に嫌われるような行動に出がち。人間とともに学んでいく気持ちを維持させて。

79画 理性より感覚重視

鋭いカンで行動。それが見事なときは、人間は楽しくなります。しかし気分屋で勝手な面が出るとただのトラブル。社会化、マナー、日々の習慣や生活を大切にすることを養育。

80画 デリケートな天使

きわだつ長所があったとしても、全体的にはデリケートで、怖がり、甘えん坊など手がかかる面が多く、体が弱いことも。人間家族は、弱いコだけに振り回されてしまうかも。

81画 万事成就、満願成就の数

「1」の基本数が一巡し、再びはじめに戻るという意味をもつラッキー数。家族の苦労を代わってくれたり、家族の円満や発展に貢献したり。神様のわんこが家にきたと思うかも。

文字の見た目も配慮しよう

漢字でもカタカナでも、書いてみて、偏りがなく、見た目のよい名前にしましょう。

わかりやすく名字を付けて説明すると、たとえば「大木太」は「払い」の文字ばかりで、見た目に偏りがあります。雰囲気としては、払ってばかりで、豪快ですが、よい蓄積が感じられません。「田中由里」のように線対称ばかりの文字が並ぶのも、勢いや動きか感じられず、堅苦しく、今ひとつです。

パソコンのモニターなどでながめるだけではなく、実際に手書きで、ヨコ書き／タテ書き、両方書いてみましょう。印象が変わり、書く楽しさの差も感じられます。

母音も「aiueo」があれこれあるほうがバランスがよくなるのと同様で、文字もいろいろな形があり、それでいて、見た目のバランスが美しくよい感じの名前がよいといえます。

第5章

お誕生日や
お迎えの日からみる

神秘の法則
数秘術は
幸運のキーワード

12の数からみえてくるもの
―そのたましいの目的を受けとめる―

数からいろいろなことを読み解くことを「数秘術」といいます。秘術として、また錬金術の一部として、古代から世界中のあちこちに自然発生的に生まれ、発展してきたようです。

1、2、3～という数から、事象を読み取ったり、三角形、四角形といった形の意味を知ったり、文字を数に直して、姓名判断を行ったり、古文書のような謎の文書の中に隠された意味を解読しようとしたのです。

数秘はいろいろな使い方ができます。

私は長くこの数秘を使ってきましたが、誕生日の数秘「ライフナンバー」は、とても簡単で、どなたにも納得のいくもののように思います。ライフナンバーを知ると、その人がどんな人か、だいたいの見当がつき、わんこも例外ではありません。

わんこに関しては、生まれた日がわかるコは一部かもしれません。おわかりになる場合はぜひ参考にしてみてください。

「うちのコ、表には出さないけれど、たしかにこういうところ、あるかもしれない」と思い当たることがあると思います。

誕生日がわからない

本当の誕生日はわからないけれど、推定年齢などとあわせて、はじめて会った日やお迎えした日を誕生日と定めているわんこもいます。

たとえば推定年齢10歳、はじめて会った日が２０１５年7月25日なので、２００５年7月25日をお誕生日と定めている家族もあります。

はじめて会った年月日、はじめておうちにきた年月日、正式譲渡の日付、役所に「うちのコ」として登録した日付などからライフナンバーを求めてもよいでしょう。

本当のライフナンバーではなくても、そのわんこは、あなたや家族にとって確実に、多少なりともその数秘の意味をもっています。

数秘を含めて、総合判断を

たとえば、数秘の意味も顔つきも、「まさにリーダー！」というわんこの名前を考えている場合。そのわんこが和犬やシープドッグなどのワークドッグで、目つきが鋭く、いかにもリーダーという雰囲気を放っている場合……を例にご説明しましょう。

そのわんこが本当に猟犬のリーダーなどになることを望み、人間家族にリーダー教育をする自信があるならば、リーダーにふさわしい名前をつけてもよいでしょう。

赤ちゃんのときからリーダー的で、「このコには立派なリーダーになってもらおう」というなら、勇敢な名前、リーダー的な名前をプレゼントしてください。

でも、はじめてのわんこだったり、しつけに自信がないというなら、穏やかなやさしい名前がおすすめです。

強さやリーダーシップより、「愛らしいとか無邪気とか、おっとり、のんびり、ゆったりがいいな」と思うなら、リーダー的な性質を中和させるような、のんびり感、ほんわり感のある名前を考えてください。

名前は最後に人の手によって得るものですから、自由に選ぶことができます。

〝実際のわんこの雰囲気、犬種、誕生日のライフナンバー〟それらを総合して、その意味を強めたいのか、中和させて弱めたいのか、「人を笑わせるセンスがある」「人をなごませてくれる」など、もっていない性質をもたせたいのか。

そんなふうに、名前は「性質を作るもの」として考えて、ステキな名前を考えていただきたいと思います。

<ライフナンバーの求め方>

誕生年月日（西暦）の数字をバラバラにして全部足して、ヒトケタの数を求めます。合計数が「11．22．33」になったときは、そこで計算をやめ、それをライフナンバーとします。

例1／2010年1月1日生まれ
……2＋0＋1＋0＋1＋1＝5
　→ライフナンバー5

例2／2015年2月14日生まれ
……2＋0＋1＋5＋2＋1＋4＝15
さらに……1＋5＝6
　→ライフナンバー6

例3／2015年9月23日生まれ
……2＋0＋1＋5＋9＋2＋3＝22
　→ライフナンバー22

独立精神も開拓精神も旺盛な冒険者

勇気と情熱と冒険心を伝えにきました。

意味：はじまり、パイオニア、勇気、耕す、先頭、独立、単独、ガンコ、孤独
パワーストーン：水晶、ダイヤモンド、インカローズ、ガーネット、スターの出る宝石
ラッキーカラー：白〜透明、赤、薄水色

自立心も行動力も好奇心も旺盛。怖いもの知らずのプライド高き勇者はひとりで何でもやりたがります。目を離すと、どこかに行ってしまったり、新しく見つけたものと遊んでいたり。危険なものに接近しないように目を離さないように配慮を。単独でいることが好きで、仲間となじみづらいコもいれば、その反対にリーダーシップを取りたがるコもいます。鼻柱が強く血気盛んなガンコ者なので、横暴なリーダーとならないように社会化が大切。素直で単純、誰より純真でもあります。

心と心をつなぐコミュニケーションの天才

人の関係を調整し、次の世界へ橋渡し。

意味：分離、白と黒など反対のもの、統合、つなぐ、橋、直感、パートナーシップ
パワーストーン：ローズクオーツ、サンゴ、ペリドット、アクアマリン
ラッキーカラー：淡ピンク、サーモンピンク、淡黄緑

心を鏡のように映し、人の感情や場の雰囲気に敏感に反応します。人や動物の心をつなぐコミュニケーション能力を発揮させるには、家族の統一や円満が大事です。

人間家族がわんこにグチや怒りを話すのはＮＧ、何か苦手なことを強制するなど無理をさせるのも禁物です。ノンストレスに愛情いっぱいに育てば、人や動物の境界なく、能力全開に、鋭いカンで心をつなぎ、周囲に愛を振りまいてくれるでしょう。

天真爛漫、好奇心と遊びがすべて

無心に遊び熱中する楽しさを思い出して。

意味：好奇心、変化、新しい出来事、楽しみ、無邪気さ、無心、工夫、ゲーム
パワーストーン：黄めのう、シトリン、シャンパントパーズ、
ゴールデンオブシディアン
ラッキーカラー：黄～黄緑

好奇心旺盛で楽しいことが大好き。遊びに熱中していると何も目に入らず、周囲に楽しい空気が広がります。人はその無心に熱中する姿に忘れていたものを思い出し、癒されます。遊びを通じて友だちを作り、仲間に入れないコに付き合い方を教えます。得意なゲームなどあれば伸ばしてあげて。それを仲間に教えることで、ますます楽しい毎日に。繊細さもあるので、不安を感じさせないように。横暴なリーダー、人間の怒りの大声、不仲による不穏な空気は嫌いで怯え、ストレスに。

平和を愛し、管理や組織作りも上手

平和なまとまりと建設的な現実作りのお手伝い。

意味：平和、健全、安定させる、構築、現実を築く
パワーストーン：赤縞めのう、カーネリアン、めのう全般、エメラルド
ラッキーカラー：緑～ミントグリーン、オレンジ

慎重で誠実、マジメな堅物です。平和と安定を愛し、人や仲間の輪を築くために尽力します。世話好きで、後輩にわんこ社会のルールを教え、ルール違反を許しません。勇敢に仲裁に入ることもあるでしょう。後住犬の指南役ばかりか、組織作りや群れの管理もできるまとめ役タイプです。新しいものは不安で警戒し、腰の重いところもありますが、学んだことはきっちり守れます。

責任感があり、忠実で堅実なので、セラピードッグやワークドッグなど、人のお世話もできるでしょう。

新しき世界を拓く変革のリーダー

変化の勇気と反骨精神、自らの美学をもつこと。

意味：つねに変化、移動、変遷、革命、革命を終えると場を去るリーダー、帝王

パワーストーン：緑めのう、ひすい、エメラルド、トルマリン、カーネリアン

ラッキーカラー：緑～深緑、紺、赤

変化を好み、ひとつのことが長引いたり、うまくできなかったりすると、突破するためのびっくりするようなアイデアを考えます。みんなが喜ぶルールや遊びを考えることも上手で、仲間が楽しく遊びはじめると自分はそこから抜け、居留まることがありません。ケンカは威厳ある力で止めます。ストレスを感じたりイヤなことを強制されると、破壊者的ないたずらも。

面倒見はよいほうではなく、イヤなリーダーがいると戦いも挑み、妥協嫌いで、好まない仲間とは折り合いません。

無償の愛と友愛を実践する気高きリーダー

愛と美と調和、真善美の美しき世界を広げます。

意味：愛情、美、友愛、調和、アート、バランス、統一、本流、目標

パワーストーン：アメジスト、チャロアイト、サファイア、真珠

ラッキーカラー：ローズ～紫、鮮緑～濃緑、藍

そこにいるだけで、場に調和の空気が流れ、光あふれる美しい静けさがかもし出されるような優美な雰囲気があります。マジメで、１度覚えたことやルールをちゃんと守ります。グチや不和を感じると板挟みになり、ストレスをため、誰の味方もできずに優柔不断となり、やる気を失うことも。

賢く、どのように行動したらいいか自分で考えられるので、人間家族の子守り、仲間の世話役や指導の他、セラピードッグやワークドッグの能力もあり、そのリーダーとしても活躍するでしょう。

多彩な才能を秘めるユニークな個性

快適な距離をもち、博愛の心を実践します。

意味：博愛、博学、変わり者、プロフェッショナル、職人技、技術、学術的、歴史

パワーストーン：オパール、ラリマー、ターコイズ、ムーンストーン

ラッキーカラー：白～アイボリー～ベージュ、藍

人は好きなのですが、ベタベタするのは嫌い。仲間も好きですが、くっついて行動はしません。集団を遠くから見ながら単独行動することを好みます。とはいえ仲間のことは一人ひとりよく観察していて、苦手な相手には近付かず、弱きものは守り、不公平にいじめられているような仲間は助けます。

争いを嫌い、もめ事が起きると注意を他に向けさせるなど素知らぬ顔をして止めたりも。穴掘りや宝物隠しなどに才能発揮するコもいます。あまりかまわず、自由な精神を愛してあげて。

リーダーとして仲間を率い、次々に難関突破

熱く純粋で懸命なリーダーの心を忘れません。

意味：リーダーの手腕、構築する、さらなる構築、発展を続ける、無限、力

パワーストーン：緑めのう、トルマリン、ラピス、サファイア

ラッキーカラー：青～紺～藍、濃緑

力強い体育会系リーダー。行動力がありパワフルで疲れ知らず。みんなを束ねるのは自分の仕事と思っていて、責任感もあります。必要なところでは集中し、そうでないときはダラけたりあきたりのグータラぶり。リーダー志向なので社会化やしつけが重要。うかうかしていると人もリードされます。

素直で単純、ガンコで強引な正直者なので、人間家族はウソは厳禁。「みんなのため」と働く精神もあるので、セラピードッグやワークドッグに。競争好きでゲームのリーダーに向くコも。

情熱を秘めた知恵と忍耐力

温めた思いには必ず燃え上がる時があります。

意味：賢者、隠者、個人レベルから世界や社会全体レベルへ、
終結と産みの苦しみ
パワーストーン：アメジスト、オニキス、ブラックトルマリン、スギライト
ラッキーカラー：黒～グレー、濃紫

賢く、生まれながらの知恵があります。気持ちをあまり外に出さないので、何を考えているかわからない面も。自分を後回しに、他の家族が甘えん坊なら、素振りにも見せずに甘えたい気持ちを遠慮します。「いうことをきくから」と不要なガマンをさせるのはＮＧです。大切なものはガンコに絶対譲らず、１度嫌いになると絶対復活しません。

なかなか本心を見せませんが、じっくり待って大好きなものを与えてあげて。責任感も強いので、母役や介護や探索などワークドッグにも。

明暗を抱えて、けなげに生きる。

自分自身を信じ愛する、それがすべて。

意味：新しい世界のはじまり、インスピレーション、周囲に知らせる、直感
パワーストーン：水晶、ルビー、オパール、乳白色の宝石
ラッキーカラー：白～アイボリー、赤、白光

直感の鋭さはナンバー１。このわんこと決めるのも直感だったはずです。賢いだけに、先回りしたり、何かと矛盾や板挟みが多く、自分のカンに振り回されてストレスを感じがち。ルールや人間家族の態度は統一を徹底し、グチなどＮＧです。学んだことを独自に応用できる頭脳派なので、仲間の指導も上手ですが、人間の対応によってはズル賢い知能犯に。

学習能力は高いのですが、楽しんでいないようならストレスです。心から楽しんでいるものでこそ、しあわせが増し、才能も発揮できます。

笑いと愛の温かい光を周囲に広げる

自らの心が喜ぶことこそが豊かさです。

意味：理想世界、理想を夢みて構築する、夢の実現
パワーストーン：ヒスイ、エメラルド、シェル、ゴールド
ラッキーカラー：黄、オレンジ、サーモンピンク、金

敏感でカンが鋭く、不安やストレスを感じやすく、怖がりです。心の温かい笑いのたえないわんこです。いっしょにいると自然に笑みが浮かび、なんでも受け入れられる大きな器になったと感じ、どんなときもしあわせな気分に。素直に「生きていることは楽しいね、ありがたい」という思いにも。「絶対無理」と思っていた夢も「いけるかも！」と思え、いつの間にか現実となっていたなど、わんこが現実化の力をもつかのようです。

争わないので、どこにでもいっしょに行け、保護犬など「世のため人のため」と活動する仲間と出会う機会も増えそう。

いつまでも赤ちゃんの純粋さをもち続ける

信じる心、委ねる心を見てください。

意味：世界の中心、夢みる人、すべてを内包している、統一体、ワンネス
パワーストーン：ゴールド、サンゴ、サファイア、ラピス
ラッキーカラー：緑、青〜藍、金

いつもボーッとしていて、何があっても動じず、まるで座敷わらしのよう。いるのかいないのか、寝ているのかわからないようなのんびり感、ごはんをにゃんこや鳥に取られてしまうような我欲のなさが周囲の心をなごませリラックスさせ、支えます。それなのに、困っている子供やお年寄りは素早く見つけて助けています。人の喜びは自分の喜びというような性質が幸運を引き寄せます。

あれこれ教育するのは合わないとあきらめ、このわんこがもつ悟りのような感覚を存分に楽しんで。

巻末特集

ハンドタッチ、大好き！

わんことの信頼関係を築くハンドタッチ。よい関係を作り、健やかな心身のために毎日やさしくハンドタッチを。

ハンドタッチを毎日の習慣に

ハンドタッチはマッサージではありません。相手のことを意識して、愛情たっぷりに、やさしく触れることです。そうすると、〝母と子の絆ホルモン〟〝愛情ホルモン〟などと呼ばれ、良好な社会生活、集団生活には不可欠な〝オキシトシン〟というホルモンがたくさん発生します。このホルモンは心身の状態を安定させ、免疫力や自然治癒力も高めるといわれています。お休み前の習慣に。また、くつろいでいるとき、お昼寝前などに。とにかく、毎日毎日続けることが大事です。

タッチを習慣にしていると、体調の変化などがすぐにわかります。

・スポーツドッグは、筋肉の熱が冷めてから、筋肉をほぐしてあげましょう。

・幼いわんこ、不調を抱えているわんこ、お年寄りのわんこには、特別に注意を払い、いっそうやさしいタッチを心がけましょう。
・体の片側半分だけでもOKです。寝ているわんこを無理に起こして両側する必要はありません。
・イヤがったらやめます。だけどあきらめず、次の機会にまた少し。少しずつ少しずつ試し、無理にはしないこと。無理にすると、かえって嫌いになってしまいます。
・痛むところには触れないこと。痛みの周囲で、痛みが薄らぐ部位があるなら、そちらをマイルドにタッチ。
・熱があるときや不調のときは、強いタッチはNG。タッチをしないほうがいいときもあります。
・いきなり大胆なタッチからはじめないこと。いつでもマイルドなタッチからはじめ、大胆なタッチへと変化させていきましょう。
・タッチは自由です。「クルクル」大きな円や小さな円を。指先で軽く「トントン」。「モミモミ」。表面の贅肉をふわっとつかんで「引っ張る、引っ張って、揺する」。被毛を束にしてふわっと「引っ張る」。「こする」。こすらずに手を当てたまま「揺する」など。わんこの様子を見ながら、気持ちいいようにタッチしましょう。
・相手を思いながらタッチを。テレビに気持ちが行ってしまい、わんこのことを忘れて、手だけが動いている、というのはNGです。テレビなどを見ながら、いつでもこちょこちょと小刻みなタッチをしているというのもNG。

タッチは母の代理をする

母わんこは、子供の体をなめ回して育てます。それにより、愛情が伝わるだけでなく、皮膚が活性化して、皮膚ばかりか心身の健康も保たれます。子供はなめ方でいろいろなことを理解し、自分の体のサイズが日々大きくなっていることも理解します。

母わんこと早く離れたわんこはその経験をもてません。母わんこには及びませんが、人間がやさしくタッチすることが、母わんこのペロペロなめる行為の代わりになります。

また、幼いときから脚や足先、尻尾、歯茎など、体のいたるところを触り放題触っておくことで、人間を信頼し、どこにでも触れさせるわんこに育ちます。

どこにでも触れさせるということは、身体のどこかに「恐怖」をためていないということです。大きくなってからでも、ハンドタッチを行うことで、不安やストレス軽減の一助となります。人間とわんこの絆を作り、互いの信頼と愛情を深めます。

手や肩をブラブラさせて硬さや緊張をほぐし、大きく呼吸をして、息を吐いて、さあ、はじめましょう！

1　オールマイティの全身ロングタッチ。タッチのはじめと終わりに

いつでもできるタッチです。

頭から尻尾へ、頭から前脚に、胴を通って後脚に、てのひらを当てて、超ロングタッチを。

スピードは、朝は爽快に、触れ方も軽く、速め。寝る前はてのひら全体をふわっと触れて、ややゆっくりめに。てのひらがぴったりと触れるやや重たいタッチを好むわんこもいます。わんこの好みに合わせましょう。

はじまりと終わりに行うことで、それぞれ「はじまりの合図」「終わりの合図」になります。

終わりはとくにていねいに。タッチの効果を統合します（まとめ上げ、心身に浸透させる働きをします）。

脚先は、脚先で止めず、必ず地面に流すこと。地面もなでる感じです。

母わんこから早く離れた赤ちゃんわんこは、自分の身体の成長の速さに頭が追い付きません。このタッチは、自身の大きさを把握して意識できるようになります。

母わんこならなめて教えてくれます。母から早く離れた赤ちゃんにはとても大切なタッチです。

2. 頭、顔まわりのタッチ

耳a　付け根モミモミ

わんこは耳がよいので、耳を動かし、いろいろな情報を得ています。緊張で硬くなった耳まわりの筋肉をほぐしましょう。神経質なわんこほど耳の付け根が凝っているので、ていねいに。

耳c　耳スライド

耳を裏表からはさんで、耳の先端に向かってスライド。滑らせるだけで、引っ張ってはいけません。耳長わんこの場合は、耳をてのひらに乗せて、片方の手でスライド。

耳b　耳クルクル

耳を裏表からはさんで、指先でそっと、クルクル、モミモミしましょう。

耳d　付け根グリグリ

耳全体を手でふわっと握るようにして、付け根を耳ごとグリグリ回します。耳まわりが凝っているわんこにはとくにおすすめ。

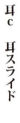

顔まわり

額や目の上あたりをモミモミ、クルクル。
鼻筋は毛流にそって。
鼻の低いわんこは鼻まわりはとくにていねいに。
目の周囲はそっと。
マズル（鼻〜口まわり）は、毛流とヒゲの向きに添って。
歯茎もクルクル。赤ちゃんのときからならして、歯磨き好きなわんこに。

首

首はモミモミの他、肉をほわっと大きくつかんで引っ張ったり、引っ張って揺らしたりしましょう。つまままないように注意。

小さいわんこは、首を上げて人間を見ているので、首まわりがかなり凝っていることも。よくほぐしてあげましょう。

3. いつでも使える

a. クルクル

全身をクルクル。大きな円、小さな円を描いてみましょう。

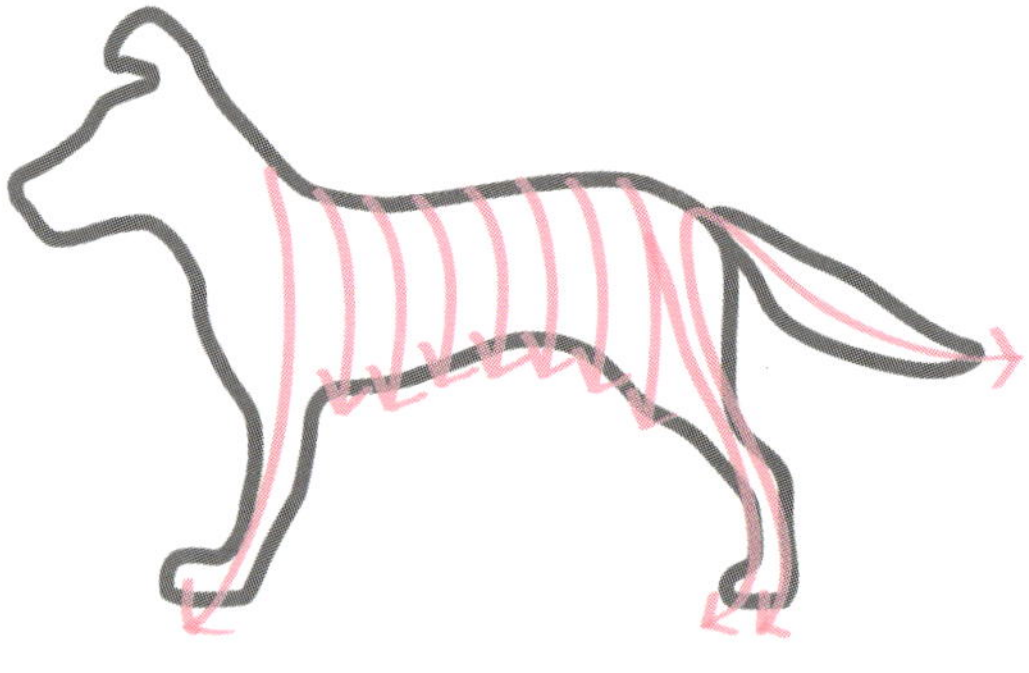

b. 上から下へ

背骨からおなかに向けて、背骨から脚先〜地面に向けて、スライド。

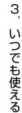

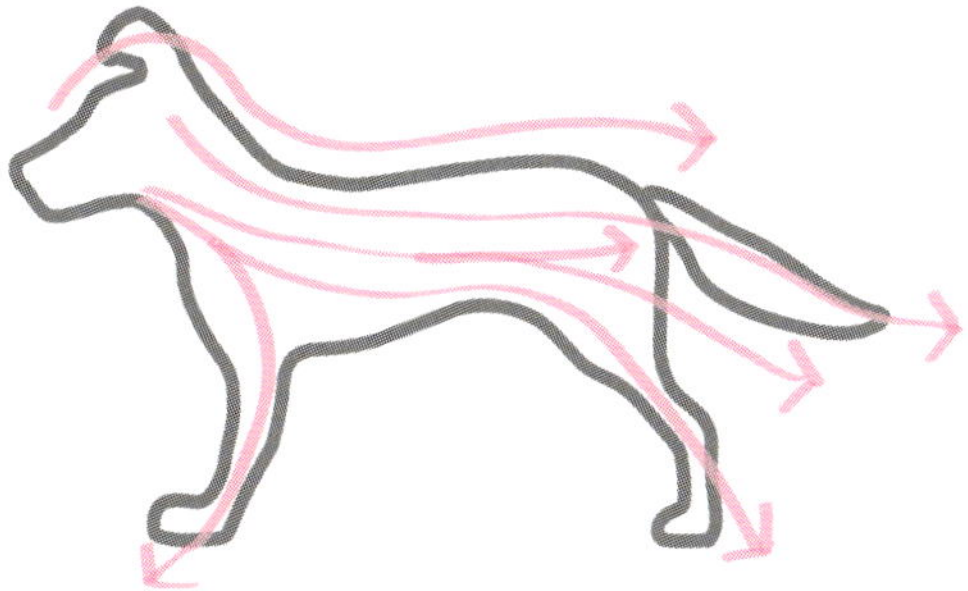

c. 前から後ろ

頭からお尻〜尻尾から空中へ。頭から肩〜前脚先〜地面へ。胴を通って後ろ脚先〜地面へ。

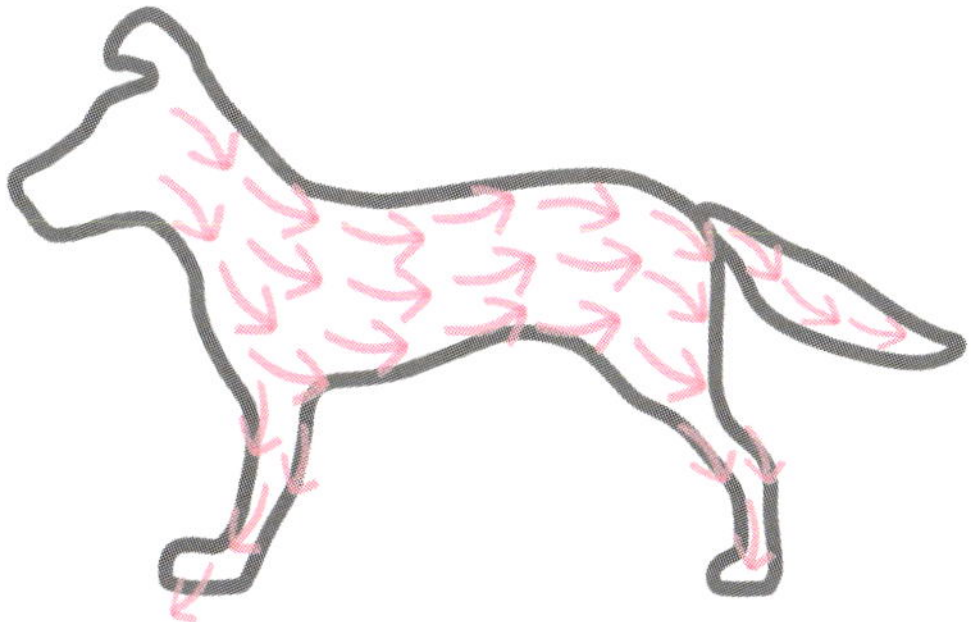

d. エフルラージュ

両手を交互に動かして、望む方向に進みます。「頭から尻尾へ」など、今タッチしたところと次にタッチするところを途切れさせずにつなぎます。〝全身の意識〟につながります。

4. リンパ、骨ぎわまわり

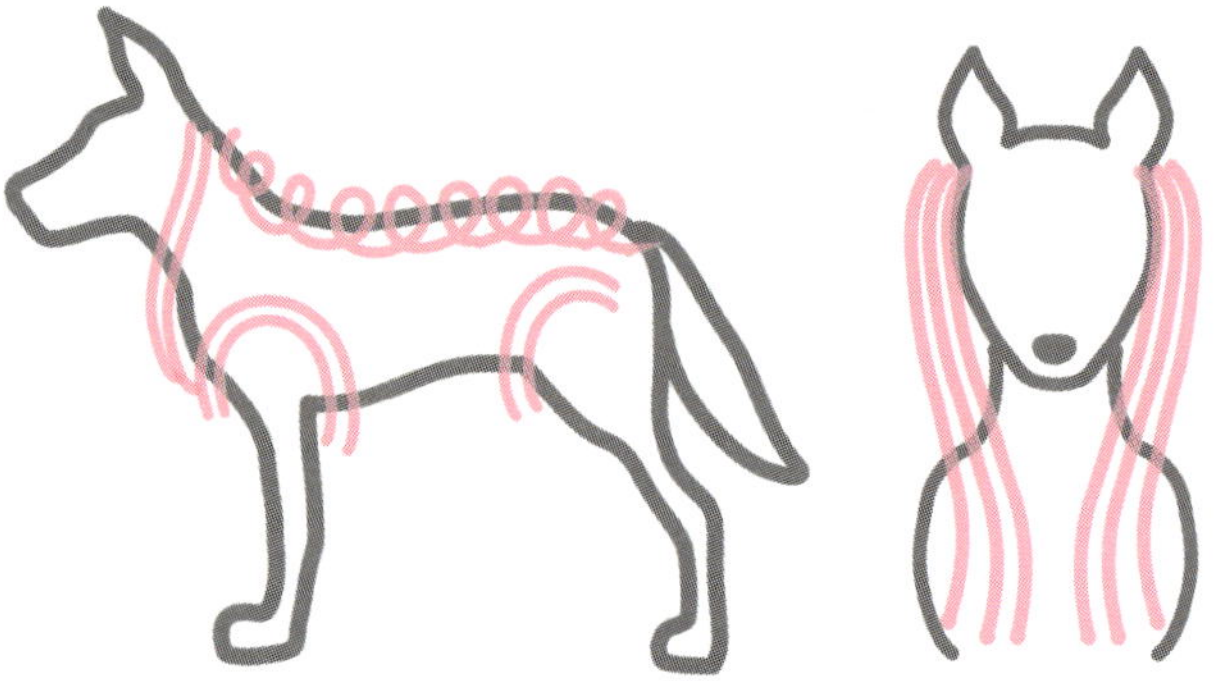

肩の肩甲骨まわり、背骨まわり、腰骨まわりをモミモミしたり、骨キワの老廃物を流すようにタッチしたりします。

5. 尻尾まわり、脚先

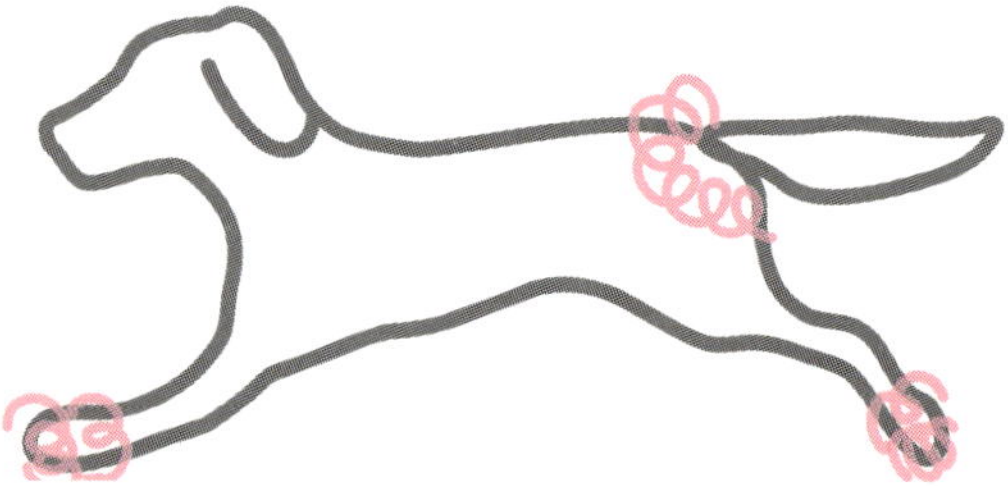

尻尾はわんこが感情を表すところ。尻尾まわりが硬いと、うまく感情が表せていないということも。尻尾まわり、仙骨の上や周辺をモミモミ。

足指や肉球をモミモミ。小さい頃からならして、触れられるようにしましょう。ケガなどしているときにはNG。

6．おなか引き上げ

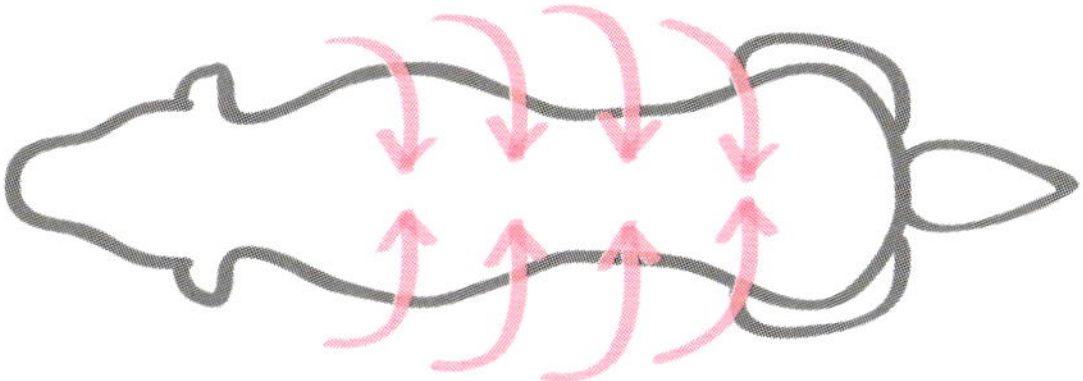

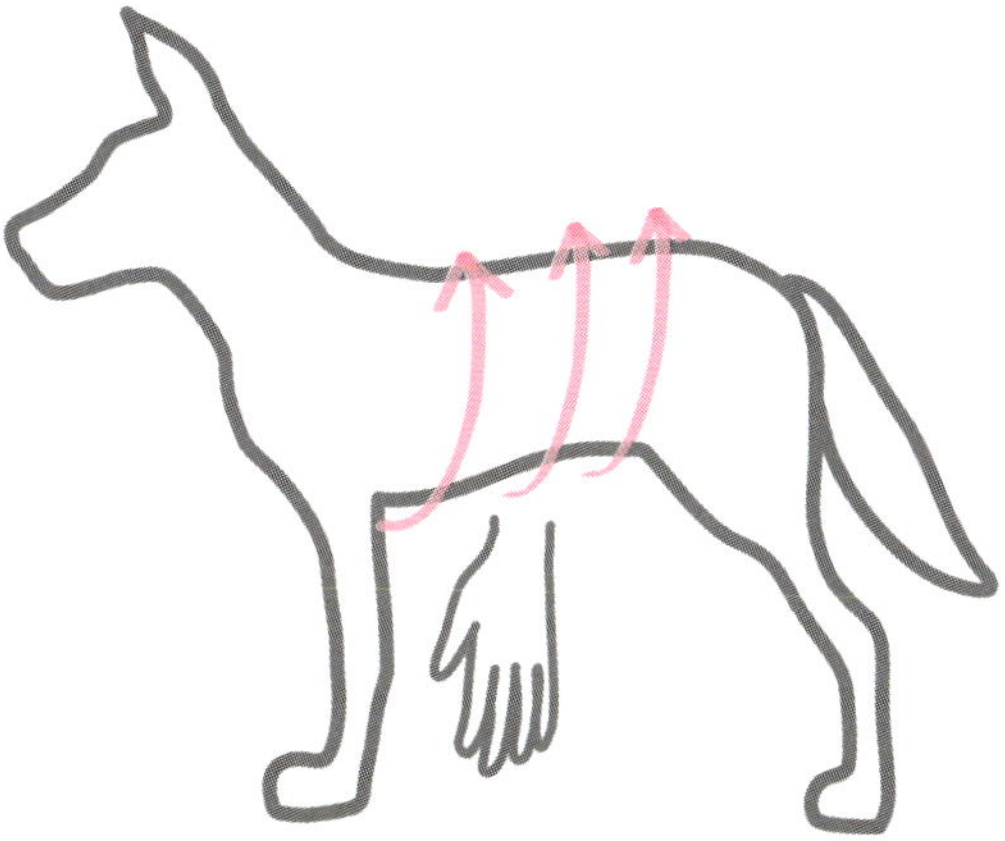

体の両側にてのひらを当てて、おなかをふわっともち上げます。

下げるときも手を添えたまま、そっともとの位置に戻します。腸の運動になります。

動けないわんこなどには、片側からだけでもおなかをさすり上げたり、大きな円を描きます。おなかの調子を整えます。

7. ジグザグ

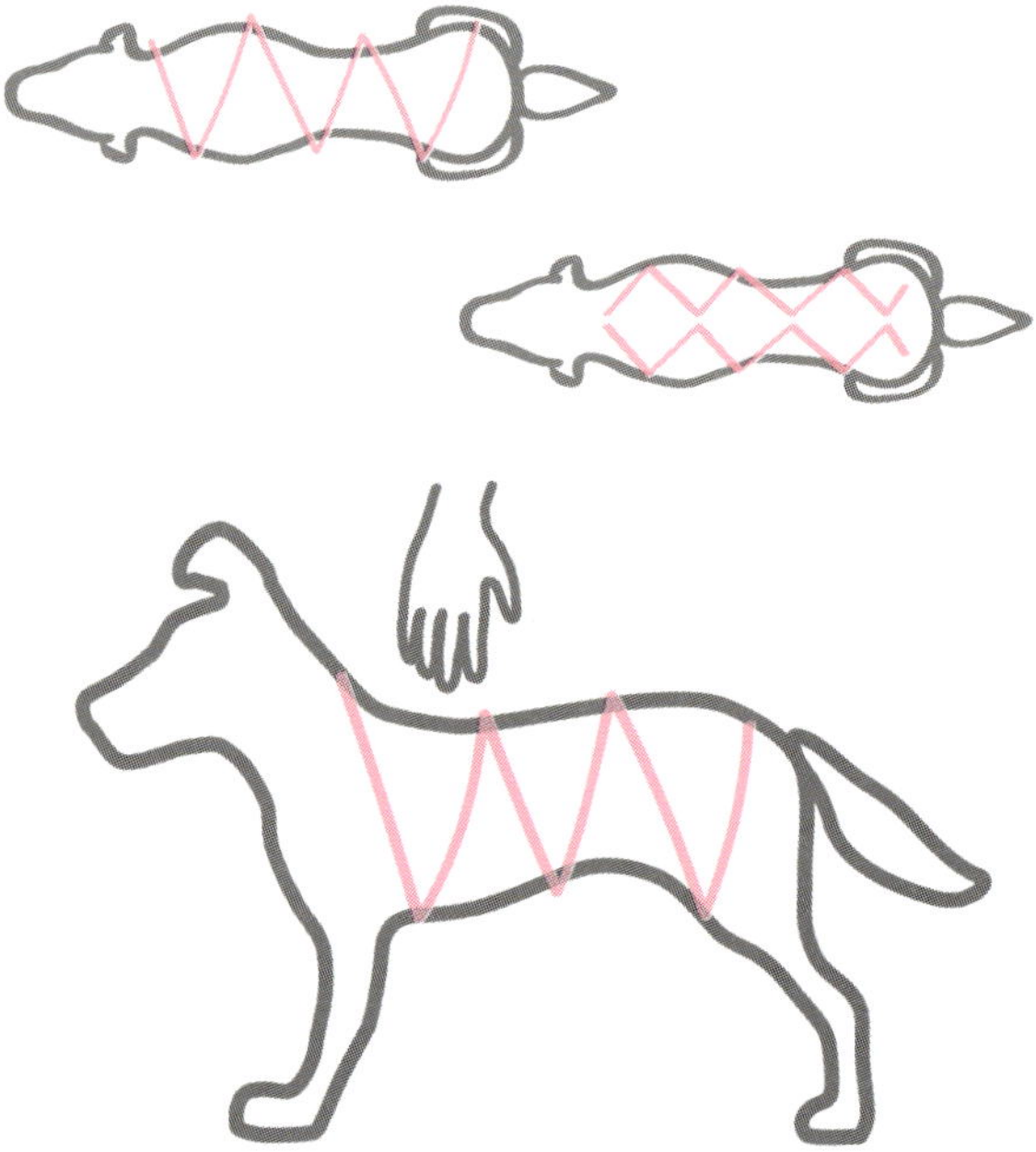

かなり大技のタッチですから、最初から行ってはいけません。わんこの様子を見て行いましょう。

寝ているときに半面だけ行う方法。体の両側にてのひらを当てて、両側同時にジグザグする方法。体に触れているところは1点だけにして、背骨を横切り大きくジグザグする方法などがあります。

下から上に行くときは、手をパーに開いて、肉をかき上げるようにします。

逆毛は皮膚を温め、活性化します。逆毛を嫌うわんこもいますが、赤ちゃんのときから行えばいやがりません。

8．前向きタテだっこ

散歩途中に歩かずだっこをねだるようなだっこグセはＮＧですが、小さいときからだっこに慣らしておくと、医師やトリマーさんなどのケアにも苦労しません。

イラストの〝前向きタテだっこ〟やおなかを上に向けた〝お姫様だっこ〟は、わんこが人を信頼しているだっこのされ方です。小さいときにこうしただっこをしながら、体をくまなく触ると、どこに触られてもいやがらないコに育ちます。

タッチのあとなど、前向きタテだっこをして、いっしょにテレビを見たり音楽を聴いたりするといいですね。

おわりに……わんこたちの愛♡を伝えることができたかな？

GOサインが出てから、完成までにほぼ2年。その間、編集者さんが4回代わり……。

私の作業は、ひとつひとつの名前に感覚をつなげてリーディングしているので、1日に10個ぐらいしかできません。

なかなか進まずにいると、まずはミックという架空わんこが出てきて、作業を手伝ってくれるようになりました。私は進みが遅くなると、「ミック、この名前はどんな感じ？」ときいてリーディングを進めました。ミックは片目が悪いようです。そのあとに、フォギーとラフという大きいわんこも出てきて、いつも雪の夜道に立って、見守っていてくれました。

長い間、出したいと思っていたのになかなかOKが出なかったわんこのお名前本。企画をきいた途端に即決してくださり、完成を辛抱強く待ってくださった高橋考社長、関わってくださった編集

者さん、いちばんたいへんだった最終編集者の福島直也さん、本当にありがとうございます。おかげさまで、愛いっぱいのとっても温かい本になりました。

　コラムには、私のライフワークでもある〈アニマル　コミュニケーション（動物とお話する）〉で得たことをたくさん盛り込みました。わんこがなぜ今こんなに人気かというと、わんこは「人間関係、家族関係、コミュニケーション、集団、社会」を司る教師、天使だから。神様から人間界に派遣されたスピリットなのだと感じています。

　掲載のお写真のほとんどは〈アニマル　コミュニケーション〉でお会いした愛するわんこたちです。写真のキャプションはほとんどノンフィクションです。もうお空にいったわんこもいます。みんなそれぞれに印象的で、私にたくさんのことを教えてくれました。お写真ご提供してくださったみなさま、どうもありがとうございます。

２０１７年　１月吉日

わんこの名前一覧（50音順・総1642）

本書に取りあげて解説した名前は**ゴシック**書体とし、記載ページを付しています。

【ア行】

【マ行】

【ヤ行】

【ワ行】

【本書に写真を掲載させていただいたわんことご家族のみなさん】

ご家族さん／わんこの名前

伊藤ファミリー／アンヘル
イリスママ／イリス
ウランパパ／ウラン
かさいまま／マイリー
けいこ／のの
高知の由美／タロウ君
寿ちゃん／ももちゅん
小松／小梅、小太郎
澤川／風雅
しんじ／メロディー
スーママ／フェイ、スー、みき
旦那ぴょん／サラ
ちょっちゃん／まゆこ、ぽっくん
トンちゃん／ハル
なおや／なな
なつこ／えす
ナナママ／チキ
丹羽／ベル、クッキー、
キャンディ、ミルク
Angeplume ハナママのわんこふく
／アン、マリ、テラ、キング、
レイ、ミック、翔、さくら、
ハニエル
姫 mama ／桃、らっちょ
ぴよ／あまみ
ママ／おーく
ままん／恵、凪、菜津
まゆ母／まゆ
未紗／プーリー、ドゥージー
ゆみ（チームセシリア）／
セシリア・ローズ
泰子／心
ゆう／ロコ、ジョー
ゆな／せな、りぼん
ゆかり／いちご
リエ／フィル、ルーク
ともね／凛
Dog and Sea ／クリスティー、
シンディー、セイラ
Earth Angel Dog ／さつき、メイ、
はづき
大谷／シバわんこ他

【著者】

しーちゃん／M.ローズマリー

1950年代、東京銀座生まれ。
幼いときから「見える世界」と「見えない世界」に両足をかけて成長。さまざまな種類のカード、振り子、姓名判断、チャネルなどを使って何でもリーディングする「全方向性コミュニケーション」型。05年頃から本格的に動物に話しかけられ、08年には植物から話しかけられるようになった。現在は、ホワイトイーグル（ホワイトブラザーズフッド）やイルカのスピリットのチャネル、パワーストーン関連、「ソウル・リーディング（鑑定）」、「産土神社探し」、動物や植物と話す〈アニマル　コミュニケーション〉、ボディワークなどを積極的に行う。
著書：『おとだま名前占い』（日之出出版ムック）他
blog・http://ameblo.jp/shi-or-dobe--m-rosemary/

ハッピーわんこのお名前占い事典

おとだま名前占い 575のわんこの名

2017年 1月29日　第1版第1刷発行

著　者　　しーちゃん/M.ローズマリー

発行者　高　橋　　考
発行所　三　和　書　籍
〒112-0013 東京都文京区音羽 2-2-2
TEL 03-5395-4630 FAX 03-5395-4632
info@sanwa-co.com
http://www.sanwa-co.com

印刷所／製本　中央精版印刷株式会社

乱丁、落丁本はお取り替えいたします。価格はカバーに表示してあります。
ISBN978-4-86251-208-6 C2077

本書の電子版（PDF形式）は、Book Pub（ブックパブ）の下記URLにてお買い求めいただけます。
http://bookpub.jp/books/bp/458

三和書籍の好評図書

Sanwa Co.,Ltd.

知って得する年金・税金・雇用・健康保険の基礎知識

榎本恵一・渡辺峰男・吉田幸司・林充之 著

A5 判　並製　301 頁　定価：2,000 円＋税

●年金の額が少なかったり、税金を多く払うことになったり、給付金を貰い損ねたり……。そういった「生涯損失金」は正しい法律・制度の知識がなかったり、古い法律知識のままだったりすることで発生する。本書は、家庭全体のライフプランを立てられるように、年金・税金・雇用・健康保険の基礎知識と得する情報を満載した定番書。暮らしにかかわる法律・制度とそのお金を、人生の節目ごとにまとめた章構成になっている。

どうして私のアトピーは治ったか？

井出智子・中村昭治・笹原茂儀 著

四六判・並製・124頁　本体1,400円+税

●本書ではアトピー性皮膚炎の原因の多くは、筋膜と筋肉に生じている障害としている。筋膜や筋肉が硬くなると、血行不良に至る。それがもたらす新陳代謝の異常がアトピーの主因である。ステロイド剤、保湿剤などでこの状態は改善できない。著者らの勤務するなかむら鍼灸接骨院で行う筋・筋膜伸長療法は、筋肉を深いところからもみほぐし、硬く縮んだ筋肉を伸ばす治療法である。筋肉を本来の状態に伸ばし、代謝をうながすため、アトピーに効果がある。また鍼灸によるアトピー治療への効果についても解説されている。

『男前マスク』と『王女のマスク』留目弁理士奮闘記!

黒川正弘 著

四六判・並製・283頁　本体1,600円+税

●本書の主人公は「留目茂」、大手特許事務所を辞め、突然の閃きで個人事務所を開設してしまった。そこへ、調査会社を辞めてぷらぷらしていた香織が、事務所の前を偶然通りかかり、紆余曲折あって務めることになった。 しばらくして、地元のマスク工場に勤める福田優介から初めての依頼を受ける。このマスク工場を軸に、優介の家族や幼馴染、また工場の乗っ取りを企てようとする中国人など、登場人物も多彩であり、「弁理士」の仕事や「特許」について、盛り込みながら物語が進んで行く。

ゼロから開業して
1億円を目指す美容室経営術

独立美容師「売上」「人材」「お金」で安定成長!

四六判・並製・124頁　本体1,400円+税

●美容室オーナーが、最初に掲げるべき目標は、年商 1 億円。本書には新規出店の準備と心得、美容院を軌道に乗せるために必要なこと、さらには将来を見据えた多店舗展開まで、年商 1 億円を目指すためのノウハウが満載されている。